河崎仁志　斉藤ひでみ　内田良
KAWASAKI HITOSHI　SAITO HIDEMI　UCHIDA RYO

校則改革

理不尽な生徒指導に苦しむ
教師たちの挑戦

東洋館出版社

現行の決まり	改善策 または 変更なし	
	制服	
指定された制服を着る。	変更なし	
男子は黒の学生ズボン、 女子は紺のスカート。	削除	男子は、女子は、の文言を削除し女子のスラックスを可とした。
季節により夏服、合服、冬服を着用する。	季節により夏服、合服、冬服を各自で選んで着用する。日にち指定なし。校則で認められているものを各自で選んで着る。	人によって体感温度や座席の場所によってクーラー等の効き具合も違うことから、季節の期間の明記をやめ、各自の判断に。
ズボンはきちんと履きこなす。	変更なし	
ズボンをずらして履くことがないように。	変更なし	
ズボンは裾の長さを適切に調整すること。	変更なし	
スカート丈はひざが隠れる長さ。	変更なし	
スカート丈は極端に長すぎたり短すぎたりしないこと。	変更なし	
カッターシャツ・ブラウスは、ズボン・スカートにしっかり入れる。	変更なし	
男子のベルトは黒、茶色のものを使用する。	ズボンのベルトは黒、茶色のものを使用する。	
男子のベルトはバックルが大きいものなどオシャレ目的なベルトを着用しない。	ズボンのベルトはバックルが大きいものなどオシャレ目的なベルトを着用しない。	
	肌着	
カッターシャツやブラウスの下にシャツ（白色、ベージュのもの）を着用する。	カッターシャツやブラウスの下にシャツ（黒、紺、グレー、白、ベージュで無地で透けないもの）を着用する。ワンポイント不可。 ・ただし、見えないように着こなすこと。	黒、紺、グレーなどはいいが、「あまり派手な色はどうかと思う」との意見が多かった。
学生服の下にはセーター以外に肌着、カッターシャツのみ。	変更なし	
学生服の下にトレーナー、Ｔシャツ、体操服を着てはいけない。	学生服の下にトレーナー、Ｔシャツ、体操服の着用不可。	
	名札	
胸に名札を付ける。	校内では胸に名札を付ける。	
	靴下	
靴下は白で無地のものに限る。	靴下は、見えている部分に限り単色で黒、紺、グレー、白のみ。 ・靴下は履くこと（裸足の禁止） ・タビックス、五本指ソックス可	白のみだと「洗っても汚れが落ち辛く清潔感がなくなる」などの意見から削除

	靴下のワンポイントは不可	変更なし
	セーター	
	スクールセーター、カーディガン等は学校指定のもの（それに準ずるものであれば可）を着用してよい。	変更なし
	セーター（色は黒、紺のみ）はラインが入っているものなどは違反。	色は黒、紺のみで、ラインが入っているものなどは不可
	セーターは制服から大きくはみ出さないようにする。	変更なし
	儀式の時は、セーターだけの着用は禁止。	変更なし
セーター等で登校することのデメリットは考えにくい。	セーターのみでの登校不可（記載なし）	セーター、カーディガンでの登校可
	ストッキング・タイツ・レギンス	
生徒より「小学生も見ているし何色でもOKは違うと思う」などの意見があった。	ストッキングを着用する場合は肌色とし、色の濃いものは着用しない。	ストッキングは黒、紺、グレー、白で、無地
	禁止（記載なし）	タイツ、レギンスは黒、紺、グレー、白で、無地
	上履き・下靴	
	上履きは学校指定のもの、またはそれに準ずるものを使用する。	変更なし
ハイカットは靴箱に入らない 色つきの靴は盗難が危惧されたが、保護者「一色は探すのが難しい」、教師「部活で色付きの靴があるが問題が起きていない」などとして削除	通学用の靴は、白一色のひも付き運動靴（ジョギングシューズの型）。	下靴は、ジョギングシューズ型で色指定なし ハイカットは不可
	通学用の靴は、デッキシューズ（裏面が平らなものなど）などは禁止。	削除
	防寒着・防寒具	
	ウインドブレーカーのみ可（記載なし）	防寒着は学校指定のものを着用する。
	防寒具は学校指定のものを着用する。	削除
耳当ては「車等の音が聞こえなくなり危険」として追加せず。	華美でないマフラー、ネックウォーマー、手袋可（記載なし）	マフラー、ネックウォーマー、手袋の着用可（華美でないもの）
	レッグウォーマーは不可（記載なし）	レッグウォーマーは黒、紺、グレー、白のみ可
	マフラー・手袋は登下校中にのみ着用しても構いません。	変更なし
	教室に入ったらはずしてかばんに入れておく。	変更なし

体操服・体育館シューズ	
体操服、体育館シューズは学校指定のものを使用する。	変更なし
（体操服登校について、）体育大会練習期間（記載なし） ※今年度は暑かったため期間延長	夏場のみ ※体育大会の時のみかは次年度検討
頭髪	
耳が隠れないように整える。	削除
中学生らしい清楚な髪形であること（オシャレ目的な髪形にしない）	削除
後ろのえり幅をこえる場合はきちんとくくる。	削除 ・各自の判断で学習活動の妨げにならないようにくくる。
編みこみ禁止。	編みこみ可
一つにくくる場合は後頭部でくくる。	髪をくくる場合は後頭部でくくる。ただし、前から見て大きくシルエットが変わらないようにする。 ・ハーフアップ、ポニーテール可
髪が目にかかったり、顔の前、横に垂れている髪型は禁止。	削除
極端なサイドの刈り上げやアシメ、ツーブロック、ソフトモヒカン禁止。	ツーブロックは可 ※下のイラスト参照 アシメ、ソフトモヒカンの項目は削除
パーマ、染色・脱色、整髪料などは禁止。	変更なし
眉毛を触ることは禁止。（生活の決まり）	下に統一
エクステ、ウィッグなどは禁止。	変更なし
長髪の場合は、髪を黒または紺のゴムでくくる。	髪をくくるゴムは、黒、紺、茶色のみ使用可で、装飾のないもの
ヘアピン（オシャレ目的のものは不可）は黒とする。	ヘアピン、パッチン留めは、黒、紺、茶色のみ可で、装飾のないもの

「自他の学習の邪魔にならなければよい」という意見に集約

「地域の方に見られているという意識も大切なのであまり派手なのはどうかと思う」（生徒）

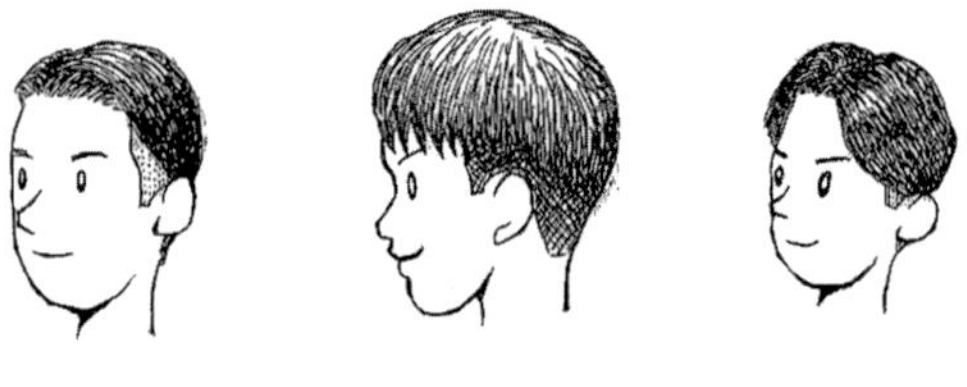

ヘアピンのオシャレ目的な使用の仕方をしない。	上に統一
極端に眉毛を剃ったり抜いたりしない。（生徒手帳）	変更なし
記載なし	登校後に時間をかけて髪型を変えない。
持ち物（鞄・キーホルダー・飲み物・ケア用品など）	
かばんは学校指定の大かばんが基本。	かばんは学校指定のものを使う。
小かばんを利用しても構わない。	上に統一
学校指定以外のトートバッグや手提げかばんなどは小かばんにも入り切らない場合に限って利用してよい。	上に統一
服、カバン、その他学校に持参するものに不要なものを付けない。（キーホルダーなど）	服に不要なものをつけない。 かばん、その他学校に持参するものに不要なものを付けない。（お守りのみ可）
キーホルダーは不要物。	削除
飲みものは、水・お茶・スポーツドリンク（色付きでないもの）に限る。	飲みものは、水・お茶・スポーツドリンクに限る。
瓶・缶・紙パック飲料は禁止。	変更なし
リップクリームは無色無臭のものに限る。	変更なし
ハンドクリームや制汗シート、日焼け止めも無臭のものに限る。	変更なし
制汗スプレーは禁止。	制汗スプレー等、スプレー状のものの持ち込みは禁止
くし、ヘアーブラシ、エチケットブラシは持ってきてもよいが目立たないように保持する。	くし、ヘアーブラシ、エチケットブラシ、鏡は持ってきてもよいが目立たないように所持･使用する。
うちわ、扇子は禁止。	変更なし
座布団の使用は自由とする。（華美でないもの）	座布団の使用可。
ピアス、ネックレス、ミサンガ等アクセサリー類は禁止。	変更なし
化粧、アイプチ、アイシール等の禁止。	化粧、アイプチ、アイテープ等の禁止
携帯電話の持ち込みは原則禁止。	変更なし
記載なし	校則に記載されていないものを持ち込む場合は事前に相談する。

「自由度の高い髪型をしてもいいが、学校で髪の毛を整えることに時間をかけるのは違うと思う」

最近はカラフルなスポーツドリンクが増えてきているし、教師は色の確認までできない。

違反時の対応など	
忘れ物などを取りに帰る為の再登校は、原則認めない。	変更なし
家庭連絡を行い、家庭で修正した後再登校させる。	変更なし
すぐ直せるものは、その場で直させる。（服装、体操服など）	すぐ直せるものは、その場で直させ、他の生徒と同様に教室で学習できるよう指導をする。（要家庭連絡）
ダメ（すぐ直せない）な場合は下校及び再登校。（同時に家庭にも必ず連絡）	上に統一
当日すぐに直せないもの→期限を決めて一時的な対応をする。	軽微な違反で、当日すぐに直せないものは、期限を決めて一時的な対応をする。
指導上、再登校させる場合は、必ず再登校時間を確認する。	変更なし
再登校した生徒は、教室に入る前に点検を受ける。	変更なし
以上の指導に応じない場合は、一旦帰宅させ（出直してくる）家庭と連絡をとり、あらためて指導を行う。	変更なし
服装、頭髪の修正は、家庭で行う。	変更なし
「茶髪（染髪・脱色）の状態のまま」では、他の生徒と同様に学習させない。	校則違反の状態で、他の生徒と同様に学習させない。別室で指導する。
別室で指導。	上に統一
染色は基本的に各家庭でなおさせる。	上に統一

校則決定において重視すること

教師、生徒、保護者でなる「校則を考える会」では、仔細の校則の検討の前に、三者間で以下の５点を共通認識とした。この結果、細かな校則について一貫した姿勢を保ちながら意見を交流することができた。

・合理的な理由があるか

（信用される学校にするためには生徒、保護者の理解が必要。合理的説明ができないことでの不要な生徒指導上のトラブルの回避）

・教育的目的はあるか

（生徒を教育する目的から外れていないか？　校則に教育的目的以外のものを入れると理由の説明ができない）

・「中学生らしい」は禁句

（いつの時代の、誰にとっての中学生らしいなのか？　教師が押し付けた形の校則になる可能性）

・「今まで問題がなかったから」は禁句

（教員が管理する事に問題がなくても、子どもの権利や、保護者理解という面でも問題がないか？）

・多数決だけでは決められない

（上記を踏まえた少数意見も大切にする。十分に話し合いをしてから多数決を行う）

朝霧中学校「校則を考える会」 日程表

2020 年	
12 月 10 日	・市内中学校先行取り組み事例ヒアリング（錦城中学校） ・市内 3 校の高等学校の校則の確認。
12 月 11 日	・校内生徒指導委員会で「校則を考える会」発足を検討。
12 月 17 日	・松が丘小学校（朝霧中校区）生徒指導担当から「松が丘小学校よい子のきまり」を送付していただく。 ・校則についてのアンケート教職員用配布（12 月 24 日）
12 月 18 日	・明石市教委　児童生徒支援課　指導主事から助言 ・校内生徒指導委員会で校則を考える会発足
12 月 21 日	・校則についてのアンケート　生徒、保護者用配布（12 月 24 日）
12 月 22 日	・朝霧小学校（朝霧中校区）生徒指導担当から「朝霧っ子の一日」をいただき意見交換
2021 年	
1 月 12 日	・市内生徒指導担当者会で各校と意見交換、明石市教委　児童生徒支援課　指導主事と相談し、助言をいただく ・校内生徒指導委員会でプレ校則を考える会を実施。
1 月 13 日	・第 1 回校則を考える会
1 月 20 日	・第 2 回校則を考える会
1 月 25 日	・新入生物品購入一覧配布（小学校）
1 月 26 日	・明石市教委　児童生徒支援課　指導主事と相談し、助言をうける。
1 月 27 日	・校内企画委員会で第 2 回までの校則を考える会の記録に基づき検討。
1 月 28 日	・職員会議にて次回の職員会議で校則が決定することが決定。
2 月 5 日	・生徒指導委員会で校則決定において重視すべき事項を再確認。
2 月 8 日	・各学年会で学年生徒指導担当から生徒指導委員会、校則を考える会での話の経緯、内容を説明&討議。
2 月 12 日	・生徒指導委員会で各学年会から出た意見について討議、校則最終決定の手続きを決定。（企画委員会＋校則を考える会） ・全校放送集会で生徒指導主任より生徒に校則を考える会の進捗&予定を伝える。
2 月 15 日	・生徒指導委員会で 2 月 8 日の学年会議で出た意見のうち、第 3 回校則を考える会で提案する意見を精選し決定。
2 月 16 日	・市内生徒指導担当者会で校則について各校の現状確認、意見交換。
2 月 17 日	・企画委員会で校則決定において重視すべき事項の確認、校則最終決定の手続きの決定。（企画委員会＋校則を考える会） ・第 3 回校則を考える会
2 月 18 日	・新校則について職員会議で提案し決定する。
2 月 19、22 日	・全校生に帰りの SHR で校則を配布し、担任から説明。1、2 年は校則を学級掲示。
2 月 24 日	・新入生保護者説明会で生徒指導主任より新校則について説明。
4 月 7 日	・新校則適用（防寒着に関する校則に関しては 2 月 22 日から適用）

はじめに　――STEP ZEROからの校則改革

内田　良

学校という舞台の「主役」は、子どもである。たくさんの主役が、お互いを思いやりながら成長を遂げていく。

そしてその舞台の「監督」は、教師である。学校教育である以上、「主役」の子どもがどこまで輝けるかは、舞台を整える教師の手にゆだねられている。

下着の色のチェック、ツーブロックの禁止など、ここ数年、理不尽な校則の「見える化」が進んできた。それに呼応して、いくつかの学校では、校則を改めようとする動きも始まっている。「見える化」から「見直し」へと、問題のフェーズは移行しつつある。

中学校や高校の校則見直しはいま、「生徒自身による見直し」「生徒会が主体的に取り組んだ成果」として語られている。生徒が自分たちのルールを自分たちで取り決める。とても意義深い活動だ。だが一方で、生徒会が黒色のタイツを認めてほしいと動いたところで、それが生徒会の総会や生徒指導部の教師によって却下されるような事態も起きている。

生徒の「変えたい」要望をしっかりと受け止めて育て上げるのも、あるいは、「自分たちで変えられる」という意識を焚き付けるのも、教師の役割である。また一方で、生徒からの「変えたい」要望を一蹴したり、生徒会からの提案を却下したりするのも教師である。

学校教育とは言うまでもなく、大人が設計している。そして、日々の教育サービスは、教師が企図し、教師が提供している。校則のあり方を考える責務は、まずもって教師にある。断じて、生徒ではない。

本書は、学校は大人＝教師がつくっているのだという自覚と責任感をもって編まれている。校則見直しの必要性が叫ばれる今日、教師自身が時代の流れや生徒の思いを受け止めながら、どのようにそのあり方を考え、また変革してきたのか。

生徒が変わる前に、教師が変わらなければならない。主役である生徒の手による校則見直しの段階が、ＳＴＥＰ１からＳＴＥＰ５まであるとするならば、本書はその舞台を設計する教師側の試行錯誤の段階、すなわちＳＴＥＰ ＺＥＲＯの実践を記録している。舞台そのものの設計を揺り動かすという意味で、それは「校則見直し」の域を超えた、

「校則改革」とよぶのがふさわしい。

これより先、第1章から第5章までは、中学校と高校それぞれ現役の教師による葛藤と闘いがつづられている。第1章から第3章が中学校、第4章と第5章が高校の話題だ。中学校の章を相対的に多くしたのは、高校よりも中学校はほぼ全国一律に細かく厳格な校則が適用されているからである。改革のハードルが高いからこそ、議論を手厚くした。

内容についてごく簡単に紹介すると、第1章と第2章は中学校、第4章は高校における、STEP ZEROの具体的な改革実践が記録されている。教師目線だからこそ、生徒へのやさしい思いだけでなく、教師の働き方の展望も記されている。教師の業務削減を意識している点も、他書に類を見ない本書の特長である。

第3章と第5章は、前者が中学校、後者が高校の現役教師による「覆面座談会」である。あえて、とくに改革に取り組んでいるわけではない教師を交えている。ごくありふれた教師のリアルな声から校則問題を考えたい読者は、覆面座談会から読み始めることをおすすめする。

最後の第6章は、過去からいまへのメッセージ（教訓）である。かつて個性尊重を求めて闘った1990年代の教師の実践と、いま私たちが目指すべき「校則改革」を橋渡しした。

また、随所に「コラム」を挿入した。第1章から第5章が、現役の教師のみで構成されているのに対して、コラムは校則問題に取り組む有識者らを中心に、筆を執ってもらった。執筆者名をご覧いただければ分かるように、驚くほど豪華で多様な顔ぶれだ。マスコミ関係者、研究者、弁護士、支援活動団体代表、元校長、小学校教師、中学校教師と、さまざまな角度から校則改革に向けたアイデアが提案されている。


もともと本書は、編者の一人である河﨑仁志先生の実践に端を発している。中学校に務める河﨑先生は自校の校則を抜本的に変更する取り組みをおこない、それが神戸新聞社、朝日新聞社などにとりあげられて話題をよんだ。その後も発信をつづけていた河﨑先生が、東洋館出版社・編集者の杉森尚貴さんと出会い、本書の企画が誕生した。

そこに、いまやインターネット上ではもっとも有名になり、各種メディアでも情報を発信している高校教師の斉藤ひでみ先生がくわわった。斉藤先生は、教師の働き方改革で声をあげるだけでなく、生徒が学校で安心して過ごせるよう、生徒における制服・私服の選択制も訴えてきた。

河﨑先生と斉藤先生の輪の中に、以前に東洋館出版社から『ブラック校則』（荻上チキ・内田良編、2018年）を刊行したご縁もあって、私も参加した。

河崎仁志先生、斉藤ひでみ先生という2人の現役教師が、本書のプロデューサーである。その意味で、学校の「校則改革」はもちろんのこと、本書『校則改革』もまた、先生の手によるものである。

改めて、校則改革には教師によるSTEP ZEROの舞台設計が不可欠だ。生徒が主体的に自由の重み、ルールの大切さを学んでいくために、まずは教師が変わらなければならない。

教師が変われば、生徒が変わる。そして生徒はいつか、役者を終えて舞台を去り、それぞれが主体的な一員としてこの社会をつくりあげていく。

生徒が変われば、日本の未来が変わっていく。

二〇二一年一二月吉日

第１章

校則改革で得られるもの

――兵庫県明石市立朝霧中学校の事例から

兵庫県明石市立朝霧中学校教諭　河崎仁志

1　厳しい校則の変更で風通しがよくなる

「先生、校則が変わって学校が楽しくなりました！」

私の勤める、兵庫県明石市立朝霧中学校では、令和二年度に校則変更の議論を教師・生徒・保護者で開始し、今までの校則で不要なものはないか、逆に必要になる校則はないかをゼロベースで考え直すことになった。本章では、本校における議論のきっかけや会議の内容について述べ、改正の際の注意点や、改正して良かった点をなるべく詳細に述べていこうと思う。今後、校則の変更を考えていらっしゃる方や、校則を前にして違和感を覚えている先生方の参考に資するものとしたい。私が生徒指導主事として積極的に携わった経験から分かったことを大きく二つにまとめると、

① 理不尽な指導がなくなり、生徒と教師にとってWIN-WINになった

② 生徒の主体性を培う機会となった

まず①についてだが、本書籍企画に賛同させていただいたのは、ほかでもない教師の働き方改革にもつながっているからである。

法的根拠がなく理屈が不明な校則は、生徒にとっては理不尽なルールであり、それを指導しなければならない教師にとっても心理的、時間的なコストが大きい。ツーブロックが駄目だった前校則だが、そのツーブロックの定義が曖昧だった。

「どこからがツーブロックなのか？」という疑念は、ツーブロックの疑いがある生徒が出てくるたびに各学年の生徒指導担当と学校全体の生徒指導担当である私との四人で、「刈り上げの高さが高すぎるか？　刈り上げ部分の毛が短すぎるか？　頭髪の短い部分と長い部分の差が大き過ぎるか？」など議論して、校則違反かどうかの最終判断を下していた。校則違反になると再度散髪してもらうことになるのだが、「どこがダメなんでしょうか？」「どういう風に散髪してもらえばいいですか？」などの保護者の方からの問い合わせに「今はそういうルールなんで……」と苦しい説明をし、渋々納得してもらう形になっていた。中には担任の説明に納得されず、そこから学校と生徒、保護者の関係性が崩れることもあった。このような誰にとっても無益なことは即刻やめるべきだと思っていた。

また学年会議や週に1回の校内生徒指導委員会でも校則に関することで多大な労力が割かれることも多々あった。また、こうした理不尽な指導への抵抗感から、教師という職業へのやりがいが失われたり、心を病む一つの理由になったりしていたら、本末転倒である。

②については、今まで、与えられてきたことに従うことが当たり前だった生徒が、髪型や服装を自分の意思で変えて、いきいきと登校するようになった。今回設置した「校則を考える会」には生徒会だけでなく、立候補した生徒も加わった。「最初は、ほぼ聞くだけで終わっていました。そして、各自で調べたり、意見を交換したりと出来ることはして、第二回、第三回の校則を考える会は自分の意見を言うことができました。この会を開いて、校則が変わり全学年の一人一人がよりよく生活をして行って欲しいです」と、アンケートに残す生徒がいた（アンケートの抜粋は本稿末尾に掲載した）。ルールについて主体的に考え、意見を述べて集団が変わっていくという実感が、生徒の自己肯定感の高まりにもつながったと考えている。

新型コロナウイルス感染症の蔓延の中という特殊な状況ではあるが、書籍執筆段階において「校則緩和に伴う、非行の増加」などは確認されていない。きっと全国の校則の前文などには「円滑な学校運営のために」などの文言があるだろう。今一度、校則の意味や効果を考え直した方がいい時代にあると強調したい。校則がもたらす教育的意義を十分に考慮し、それでも時代にそぐわない校則は変えるべきである。

2 変えるに至った過程

(1) 「理屈で説明できない校則」への問題意識

今回、本校で変えようとなった際に、私は生徒指導主事として主体的に「校則を考える会」を運営する立場になった。私一人で始めたわけではなく、同僚の中で「理屈で説明できない校則があり、それを指導する時間は生徒にも教師にも無意味だし、別に緩くしたとしても荒れないだろう」という意見が出てきたからだった。真面目に校則指導をする教師ほど理屈で説明できない不要な校則に苦しんでいる。

またこうした、ルールについて生徒が主体的な意見を持つことは大切である。理不尽なルールに出会った時に、それに耐えることを教えることが教育ではないはずだ。生徒が自分の頭で考え、意見を出し、問題を解決していこうとする力をつけて欲しいと思った。生徒たちの未来で出くわすルールは、全てが絶対に変えられないものではないはずだ。そこで管理職に提案し、「校則を考える会」を発足させた。

「校則を考える会」は生徒指導委員会、ＰＴＡ役員、生徒会役員や、それ以外にも生徒、保護者、教師の中から希望者全員が会議に参加できる形をとり、二六名で行われた。希望者を募り、誰でも参加できるようにしたのは教師や生徒会役員、ＰＴＡ役員だけでは現状の学校に順応しやすいメンバーだけが集まる可能性があり、少数意見をうまく掬えなかったり、意見が偏る可能性があるかもしれないと考えたからだ。

また、検討会議の前に、市内の小学校の教師の意見も聞いた。小学校の教師とは「中学生になると私服から制服に変わるし、髪型や靴なども急に規制が厳しくなり、中一ギャップの原因になっているのではないか？」「小学生が私服、靴も自由、髪型にも規制はなくても問題が起きてないのに中学校で大きな問題が起こるとは考えにくい」という話になった。

(2) 教師の考える「中学生らしさ」とは

この小学校の教師との話で出た「中一ギャップ」については、中学校の教師固有の価値観、そして校則によって中学校入学時に子どもの環境が一気に変わってしまうことを示唆している。

本校の校則改定に当たっても、実際には、「校則を考える会」の案が最終決定ではなく、稟議の順序的に再度職員会議を開く必要があった。時系列としては「校則を考える会」の検討の後になるが、あえて先に述べさせていただきたい。

最終決定をする職員会議において、「校則を考える会」での決定事項が却下される可能性もももちろんあった。教師各々の経験と考えに基づいた合理的な理由が出てくれれば、よりよい校則になる可能性があるので、先入観なく広く意見を聞いた。

職員会議では「校則を考える会」の意見について、肯定的な意見がある一方で、「中学生らしくないじゃないか」という感覚的な意見も出された。

例えば、「靴の色は白のみ」の校則について、職員間のみの話合いでは以下のような意見も出た。

・「制服の一部として捉え、トータルコーディネートとして考えれば、靴は白一色」
・「（教師の）世代の感覚として白基調がよい」
・「入試で真っ白な靴を買うことになるのであれば最初から白の方が良い」
・「盗難の不安があるので白基調」

一律の服装で勉学に励むことが義務教育段階における「子どもらしさ」であるということを全否定はしない。

一方で中学校学習指導要領（平成29年告示）の前文には以下とある。

「これからの学校には、（中略）一人一人の生徒が、自分のよさや可能性を認識するとともに、あらゆる他者を価値のある存在として尊重し、多様な人々と協働しながら様々な社会的変化を乗り越え、豊かな人生を切り拓き、持続可能な社会の創り手となることができるようにすることが求められる」

多様な人々と協働していくうえで一定のルールは必要だと考えるが、本当に白の靴にこだわる必要があるのか？　未来を担う生徒の育成が学校の役割であるならば、変化していく社会の中で学校だけが時代に取り残されるようなことがあってはならない。ちなみに、盗難は白い靴でも起こり得る。

このような様々な視点からの意見は最終段階まであったが、全体的には、「変えた方がいい校則は多い」という意見が多く、結果的には、校則の改正案はおおむね「校則を考える会」で検討した案が通り、巻頭に示した運用となっている。

(3) 会議前に共通しておいたこと

最終段階まで円滑に進めることができたのは、当初から「中学生らしい」などの理由で校則を考えるのではなく、生徒や保護者に説明できる規則かどうかについて考えようと共通認識をもった上で、検討を進めたからだ。「校則を考える会」においては、仔細の校則の検討の前に、まず、以下の〝校則決定において重視すべき事項〟の5点を三者間で共通認識とした。この結果、細かな校則について一貫した姿勢を保ちながら意見を交流することができた。

① 合理的な理由があるか

信用される学校にするためには生徒、保護者の理解が必要。合理的説明ができないことでの不要な生徒指導上のトラブルの回避。

② 教育的目的はあるか

生徒を教育する目的から外れていないか？　校則に教育的目的以外のものを入れると理由の説明ができない。

③「中学生らしい」は禁句

いつの時代の、誰にとっての中学生らしいなのか？　教師が押し付けた形の校則になる可能性。

④「今まで問題がなかったから」は禁句

教師が管理する事に問題がなくても、子どもの権利や、保護者理解という面でも問題がないか？

⑤ **多数決だけでは決められない**

上記を踏まえた少数意見も大切にする。十分に話し合いをしてから多数決を行う。

(3) 会議の議事録より抜粋

第一回

○ストッキング

保護者「ストッキングの色は何色でもいいのでは？」

生　徒「何でもありは違うと思う。小学生も見ているのである程度の制約は必要。タイツ、レギンスはＯＫにして色は黒、紺、グレーでどうか？」

○通学靴

保護者「白一色の通学靴で気に入ったものを探すのは難しい。気に入ってもメーカーのロゴが入っているだけで買えない」

教　師「通学靴を白一色というのはどうかと思う。実際部活動では色の指定がないがそれで問題は起こっていない。運動をする際に安全なものなら問題ないのでは？」

○靴下

保護者「白一色の靴下は汚れやすく、洗っても真っ白にはならない」

生　徒「ストッキングなどと同じく黒、紺、グレーもOKでいいのでは？」

保護者「黒や紺の靴下でも無地のものはあまり売っていないのでワンポイントはOKにしてほしい」

教　師「ワンポイントOKとするならワンポイントの大きさは？　以前ワンポイントありの学校で靴下全体がキャラクターの顔みたいなのをワンポイントという生徒がいたがどう思うか？」

第二回

○靴下

生　徒「ネットや店舗に調査に行ったが黒、紺、グレーの無地のものは結構簡単に入手できると分かった。ワンポイント不可でいいと思う」

教　師「足の裏だけ汚れ防止で色が違うものが売っている。見えている部分に限り単色で黒、紺、グレー、白のみでどうか？」

○肌着

教　師「現行の白、ベージュ以外の色でもいいのでは？　そもそも教師が生徒の肌着の色をチェックするのはセクハラといわれる時代」

生　徒「あまり派手な色は良くないいと思う。清潔感のある色が良いのでは？」

○染色、脱色、パーマ

全　員「現行通り不可でいいと思う。ストレートパーマは可で」

○髪型

生　徒「ツーブロックは中学生らしい清楚な髪型ならOKでいいと思う」～様々なツーブロックの画像をみんなで見てどれがOKか話し合うが落としどころが難しい。～

教　師「〝中学生らしい〟かどうかの判断は誰がするのか？　誰から見た中学生らしいなのか？」

保護者「女子の髪型はみんな同じで個性がない。編み込みやハーフアップはOKにしてほしい」

教　師「自分や他人の学習に邪魔にならない髪型ならいいのではないか？」

生　徒「頭頂部のお団子やツインテールは後ろに座っている人の邪魔になる」
教　師「前から見てシルエットが変わらない髪型なら問題ないのでは？」

第三回（校内企画委員会、学年会議を受けて）

○ストッキング、タイツ、レギンス
教　師「衛生面、安全面で、体育の時はタイツは脱ぐ、靴下は履くでどうか？」↓ＯＫ

○防寒具
教　師「耳当ては音が聞こえず危険な目にあうことがあるのでやめたほうがいい。」↓ＯＫ

○制服移行期間、セーター、カーディガン登校
教　師「制服移行期間を指定してきたが個人によって体感温度は違うし、教室内の座席によってもエアコンの効きに差がある。校則で認められている服装を各自の判断でいつでも来ても良い。またセーター、カーディガン登校も問題がないと思う」↓ＯＫ

○靴下
教　師「見えている部分に限り単色で黒、紺、グレー、白のみワンポイント不可。靴下は履

くこと（裸足の禁止）足袋の形や五本指ソックスも問題ないのでは？」↓ＯＫ

○肌着

教　師「黒、紺、グレー、白、ベージュで無地で透けないもの、ワンポイント不可、ただし見えないように着こなす」↓ＯＫ

○通学靴

保護者「靴ひもが結べない子の配慮としてひも付きの靴でなくてもいいのでは？」

教　師「運動靴、ジョギングシューズ型で色指定なし、安全性と靴箱に入らないためハイカット不可」↓ＯＫ

○前文

教　師「規制を多くするのではなく、

・自他の学習活動の妨げにならない行動をする。

・自他の健康・安全に留意した行動をする。

・他者の権利を尊重する行動をする。

・公共のマナーを考えた行動をする。

を前面に打ち出し、それ以外のことについてルールを決めてみてはどうか？」↓ＯＫ

○キーホルダー

教　師「現行では不可だが、かばん、その他持ち物にお守りは可。服にはつけない」↓ＯＫ

○制汗スプレー

教　師「安全上、マナー上スプレー状のものは不可」↓ＯＫ

○飲み物

教　師「現行ではスポーツドリンクの色付きは禁止だが、色の確認までできない。また最近は色付きのものが多く売られており、スポーツドリンクならＯＫでどうか？」↓ＯＫ

○ヘアピン

教　師「パッチン留めは危険だから禁止になっているが、乳幼児用品店で赤ちゃん用に売っている。本当に危ないか？　危なくないならＯＫにしては？」↓ＯＫ

○制服

教　師　「男子はズボン、女子はスカートの文言はＬＧＢＴＱ＋の観点からも削除してはどうか？」↓ＯＫ

○髪型

教　師　「髪型の校則に男女で違いがあるがＬＧＢＴＱ＋の観点からなくそう。中学生らしい髪型という文言も誰から見た中学生らしいか不明で曖昧だからなくそう。自他の学習の邪魔にならないなら前髪も後ろ髪もくくる必要はないと思う。触角ヘアも同様。編み込みもＯＫでいいのでは？　アシメ、ソフトモヒカンも自他の学習の妨げにはならない」↓ＯＫ「登校後に時間をかけて髪型を変えない」ことに。

○会議は教師が司会。具体案を検討する前に、保護者、生徒とも方向性についてすり合わせていたので、具体案の検討はスムーズに進んだ。

3　校則変更後の実際

こうした議論を経て、出来上がったのが本書巻頭に示させていただいている校則である。

振り返って考えると

① 生徒の安全・健康面の配慮

② 生徒の個性を尊重する姿勢

の2点について、教師・生徒・保護者で共通認識をもてていたことが大きかった。

校則変更を実施した令和3年度、特に早速生徒が大きく変わった項目は「髪型」と「通学靴」だった。自由になり快適そうにしている様子が見られた。

髪型はツーブロックが可になったことでスッキリとした髪型ができ、散髪に行く頻度も少なくなり良かったという意見が多い。女子の髪型も自由度が増し、授業に支障がない範囲で様々な髪型ができると好評。通学靴と部活用のシューズを区別する必要がなくなり、荷物が減ったという声もあった。

「服装の乱れは心の乱れ」という言葉は長年学校社会では定説となっていた。確かに荒れている生徒は髪型や服装、持ち物が変わっていくことは多い。しかし、逆に校則が緩くなって髪型等の自由度が増し、ルールの範囲内で多様な恰好をすることで学校が荒れることはないと感じている。生徒の多様な恰好を見て「荒れ」と感じるか「多様性」と感じるのかは教師の主観の問題である。本当に指導すべきは服装等の乱れではなく心の乱れであることは言うまでもない。

総括すると、全体的には、自分たちが作った校則だという意識が強くなり、こうした機能性に基づく快適さが高まった。その快適さ、自分たちで決めた実感から、校則について前向きに考える機会も増えていて、ポジティブなスパイラルが生まれている。

4　校則改正のまとめ

ここまで述べてきたように、校則を変えることについては目に見える大きなメリットは少ないかもしれないが、デメリットを減らす効果は十分に確認できたと考えている。

【良かった点】

○主権者教育

・校則は押し付けられるものではなく、自分たちで主体的に対話をしながら考えて決めていくというプロセス自体も生徒にとって良い経験になった様子。生徒たちが主体的に取り組み自信をつけ誇らしげに語る。アクティブラーニングの教材として良かった。

○業務削減　生徒・保護者との信頼関係醸成

・なぜこのような校則があるのか？　という質問や、それに対する対応も無くなった。
・児童生徒のためを思う真面目な教師ほど理不尽な校則と人権順守の板挟みになり生徒指導面で苦しんでいたが、それが解消できた。
・生徒にとって満足度の高い学校生活を、教師にとって論理的、合理的な生徒指導ができるようになった。
・以前はよく行っていた触角ヘア、ツーブロックの指導が全く無くなった。
・校則を厳しくすればするほど違反は目立つ。規則がある以上は、その違反に対して指導をしていかなければならないが、指導項目が必要最低限になった。

【課題点】

大きく校則が変わったため、校則をきちんと読んでいない生徒は間違ってワンポイント付きの靴下を履いて来るなどの違反があった。新しい校則の内容を生徒、保護者、教師に周知徹底することが今後の課題である。

緩い校則に基づく風紀等の問題は今後起こる可能性はあるかもしれない。そのリスクの一方で、先述したベネフィットが生まれる。「生徒指導担当」というのは理不尽な指導やルールを守らせることに注力するのではなく、共同生活を送る上で問題が生じた際にこそ、力を発揮するべきではないか。

5　今後の学校社会についての提言

最後に、提言を述べさせていただきたいが、まず、学校現場で前例を変えることは非常に難しいことについては触れておきたい。大きく2つの理由があると思う。

一つの理由として〝時間がない〟ということが大きい。ご存じの通り教師の業務量は膨大で超多忙である。日々の授業と割り当てられている業務に手一杯でそれにプラスして仕事をするのはかなり難しい。この長時間労働問題は逆に、「厳しい校則を自動的に守らせることが業務削減につながる」というロジックを生んできたのだと思う。

ただし、変えてみて感じたのは、「校則改正は業務削減につながる」ということだった。教師も〝不要だと感じている校則〟について、生徒を指導することや保護者に理解していただくことに割く〝無駄な〟時間ばかり増える。時間をかけても、渋々納得せざるを得ない生徒、保護者に学校批判的な感情を持たれてしまう。生徒に限らずあらゆる人の発信力が増えた社会において、一律に校則で管理することが効率的だった時代は終わり、今やそれでは逆に業務が増える。

また、前例を変えにくいもう一つの理由として、先人の作ったものを変えようとすることは、先人のやってきたことを否定していると取られかねず、感情的な反発を受けることがある。

この点について、本校では校則改正前に、どうして諸先輩が厳しい校則をつくったのかを考えた。以下の理由が挙げられた。

【なぜ校則が厳しくなっていった?】

・問題行動が起きる前に先手を打って（クレーム回避等）校則を増やす流れがあった。だから増えていった。

・人と違う髪型にした場合、髪型が理由で「あいつは調子に乗ってる」など、いじめやトラブルが起こる可能性がある。トラブルの本質は髪型ではないんだけども、先に規制したほうが手間が省ける。
・ソフトモヒカンの禁止など20年前に流行って校則を作り、それ以降残り続けている。いかに増やして、減らしてこなかったのかということ。
・教師の過重労働が問題となっており、一律に校則で管理しようとなってきた。しかし今やそれでは逆に業務が増える。
・地域住民や保護者は学校を評価するときに外形で判断するしかないから、外形を良くするために校則を厳しくしようとする力が働くのでは?

諸先輩は、風紀の乱れや、過激なクレーム対応の次善策として校則を設定するほかなかったのかもしれない。

とはいえ、学校現場では過去には有効なことでも、時代に合うように学校も変わらないと、学校と世間の価値観の乖離は大きくなるばかりだと感じる。

生徒指導提要にも「学校を取り巻く社会環境や児童生徒の状況は変化するため、校則の内容は、児童生徒の実情、保護者の考え方、地域の状況、社会の常識、時代の進展などを踏まえたものになっているか、絶えず積極的に見直さなければなりません」とある。良いものは残し、時代に合わないものは変える、不易と流行の視点が今こそ大事だ。「生徒の人権」、「学校と生徒、保護者、地域との信頼感の向上」、「教師の指導のしやすさ」などを総合的に考えて校則を考えていくべきだろう。

おわりに　校則改正を終えて

長年、理不尽な校則があると思い少しずつ校則を変えてきたが、校則を大きく変えることは自分自身が生徒指導主事になるまでは難しかった。今までの校則の決め方は、生徒指導委員会の教師のみで校則を考え、職員会議で周知するというものだったが、今回は教師間でも校則について学年会議や職員会議で話す機会をもつことができた。個々の校則でなく、その個々の校則に宿る核心部分から変えていくには、教師の主体性が不可欠だ。

また、「校則を考える会」は全生徒、保護者、教師を対象に校則についてのアンケートを取るところから始め、希望する者全員が会に参加できる形をとった。今回初めて生徒、保護者、教師の三者で校則を一から作ることができたのは校則に限らない成果だと思っている。結果的に内容が大きく変わることになったが、これが本校の実情を考慮し、三者で考え抜いた結果である。

学校で何かを変えようとすると反対意見は出ることが多いが、反対意見もしっかりと受け止めたうえで議論を重ねることができたように思う。新校則適用後も多少の混乱があるものかと思われる。ただ、校則の見直しは、校則に対する理解を深め、校則を自分たちのものとして守っていこうとする態度を養うことにつながり、生徒の主体性を培う機会にもなった。来年度以降も年に一度は「校則を考える会」を継続していき、時代に合った校則になるよう見直す機会にしたい。今年度は地域の方も参加していただく予定だ。

補足　校則検討会議事後アンケート

(1)　保護者

●まずは、校則を考える会を開催していただいたこと、また参加させていただく機会をいただきましたこと心よりお礼申し上げます。今回の会に参加して、先生各位が、より子供たちの視点を大切に検討ができるお立場をとられていること、また、主体性を大切にしながらも中学生としてTPOに応じた振る舞いや規則を遵守することを身に着けられることとのバランスを取った校則へのシフトを目指しておられることが感じられ、より主体性のある快適な学校生活を送ることへ向けた有意義な会だったと振り返っています。また、毎日の生徒指導の大変さ、難しさに触れることができ、普段から細やかに子供たちに接していただいていることへの感謝の気持ちを新たにしました。校則を考える会以前は、子供たちにとって校則は「規則」として認識し、受け身でいたことでしょう。それが「校則」について根本から再認識する機会を持てたことで、子供たちにとっては、この会自体がきっかけとなり、「校則に従うこと」の意義を自分自身が考えることにつながり、毎日がアクティブラーニングの一つの取り組みに変化したように感じています。日々の成長の糧となるように、これからも保護者の立場から見守っていく所存です。

最後になりましたが、変更後の校則のまとめ一覧も拝見しました。とてもわかりやすくまとめていただきありがとうございました。一覧の中から自分たちが望んでいた変更があった箇所をいくつも読み上げて教えてくれました。新しい学びの種を植えたように感じました。お忙しい時期に、時間を割いて丁寧に対応いただけましたこと、心よりお礼申し上げます。今回の取り組みがたたき台となり、より良い快適な学校生活になるような機会が持てるように今後も活動が繋がっていくことを楽しみにしております。

●この度は校則を考える会に参加させていただきありがとうございました。アンケート結果の様々な意見に気付かされることも多く、また意見交換の場では、それぞれの立場での意見を知ることができました。多様な価値観が尊重される時代になり、今後も今回のような意見交換会、アンケート、生徒間での話し合い等、形式は変われど三者での定期的な見直しによって、よりよい学校生活につながる校則になればと思います。校則のことだけ、様々な学びの機会をいただけたこと感謝いたします。ありがとうございました。

●先日は校則を考える会に参加させていただきありがとうございました。私は一回の参加でしたが、会に参加している全員が校則を今の時代に合わせた、子供たちが日々生活しやすいものに変えていこうと取り組んでいるのを感じました。生徒会の子供たちが伝えたいことを伝え、先生方もその思いを受けた上で、先生としての思いも伝えられる雰囲気を見られたことも良かったです。具体的に話し合って変更された校則については、私は実際中学校で生活することの多い子供と、子供を指導してくださる先生方が出された方向で良いと思いました。今後試行して、何か不都合が見えてきた時には変更する等も良いのではないかと思いました。何度も話し合いを重ねた上で考えられた新校則が今後の朝霧中の子供たちのよりよい成長につながることを望んでいます。

●いつも子供たちが大変お世話になり感謝しております。この度の校則を考える会も、コロナ禍等大変な時に開催していただきありがとうございます。参加しての感想は、まず1つが校則を考える視点として「先生方からの指導のしやすさ」「保護者の用意のしやすさ」になっているだろうと感じたことです。確かに大切なことですが私も含め、子供の視点をもう少し聞き出せたらいいなと思いました。もう1つは、子供の意見が会の雰囲気を読んだものになりがちだったのかなと思います。初めの1つと重複しますが、子供たちは「どうしたいのか」

を聞きされず「考える会」では「整理する会」になったのでは？？と反省しております。今後も先生方にはご負担になろうかと思慮しますが、今回のような色々な「考える会」を開催していただけると子供の自主性もＵＰすると思います。「どうせ聞いてもらえへん」よりも「聞いてもらえる」は大切です。よろしくお願い致します。

(2) 生徒

● 校則を考える会で思ったことは校則を変えることの難しさです。学校生活をより快適にしようと思うと、どこまでのルールにするのが良いのか色々と課題が出てきて快適にするのは難しさがあると感じました。自分は人よりも多く意見をし、生徒としての意見を言うことを目標にしていて、その目標は達成できたように感じました。他にも大人の人からの助言や意見をもらうこともありましたが、それを上手に活かせました。またこのような会議があれば積極的に参加したいと思いました。

● 私は今回「校則を考える会」に参加して校則が良い方向になったと思います。最初は私たち生徒会総務は、ほぼ聞くだけで終わっていました。そして、各自で調べたり、意見を交換したりと出来ることはして、第２回、第３回の校則を考える会は自分の意見を言うことができました。この会を開いて、校則が変わり全学年の一人一人がよりよく生活をして行って欲しいです。アンケートでの意見は多く、全て直したりできることではないけれど、その一つ一つの意見があってこそ、どんどん朝霧中学校は良くなっていくと思います。また生徒から意見を聞いたり、アンケートをとって一年に一回は多いかもしれないけど、皆さんが納得をして生活できるように校則を考える会を開くのも良いと思いました。

● 私が今回、この会に参加してこの校則に変えるとどういうメリット、デメリットがあるのか、またもっとこうするべきではないかという事を深く考えることができました。特に私が一番大変だと思ったのが、髪型についてです。三つ編みと編み込みの違いや、どこまでの高さはOKなのかを決めるのも本当に大変でしたし、決まったとしてもどうやって文言化するのかという点でも大変なことのほうが圧倒的に多かったのですが、その分校則の大切さと重大さを改めて考えることができました。毎年とは言いませんが何年かに1回、校則を考える会を開いてもいいと思いました。

● 今回の校則を考える会では、いろんな意見の交流ができて良かったです。僕たちの予想に無かったことも少々ありましたが自分たちの意見もしっかりと言う事が出来て良かったです。保護者の方々、先生方、そして僕たち、いろんな立場の人が集まり、今の現状であったり、これからの課題となることなどに目を向け、それについてみんなが意見を出す。僕はこれは非常に良い事だと思っています。なぜなら全員が校則について真剣に考えているからです。僕は今回行われた「校則を考える会」というのを定期的に行い、新しい学校の在り方というのを考える機会をこれからもっともっと増やしていってほしいと思いました。ありがとうございました。

(3) 教師

● 今回、校則を考える会に参加させていただきありがとうございました。旧校則は昔の名残が残り、誰も触れることがなく近年まで放置されている状態でした。校則は生徒に一番影響があるものでありながら、合理的な理由なく「昔ながら」の校則によって常日頃より、なぜ起こってはいけないことかという生徒から問われた際に、私自身が納得させるだけの理由を説明することが困難でした。そのため校則とは時代に沿っており、生徒、保護者、教師の誰もが納得できるものであるべきだと考えられます。しかしながら校則を変更すると簡単に発言はできるものの、校則を変更するためには、生徒、生徒指導、地域の方々等様々な観点から考察し、新校則に訂正していかなくてはならないと強く感じさせられました。反対の意見等はありますが、学校は生徒第一であることをモットーに今回の新校則適用は一種の学校改革への第一歩であります。今後、朝霧中学校の生徒がより生き生きとするために、教師が先頭に立ち、率先して行動していかなければならないと感じさせられました。

● 校則を見直す機会が持てたこと、また実際に変えることができたことが良かったと思います。最近の社会の流れから生徒たちの多様性にこたえられる形の校則となったのは大きいと思います。これからも社会や学校現場、生徒の変化に対応できる校則にすべく、今年度を皮切りに見直していくことが大切になると思います。靴、靴下、髪型の件、生徒たちは喜んでいました。あとは生徒たちの自主性というのを見て、必要に応じて指導しないといけません。

第２章

中学校校則改正

不登校対策から、校則の見直しへ

福岡県糸島市立前原西中学校主幹教諭　森恵美

「先生たちはようやく気付いたんですね」
来年度から校則が変わることを知った、卒業前の3年生のある生徒の言葉である。

＊

本校は、山や海に囲まれ自然豊かな糸島に位置する。物価も安い上においしい農産物、海産物があり、都心にも近い便利な場所に位置し、最近は住みたい町ランキングの上位にもあがってくる街にある。

本稿では、校則改革のきっかけとなった不登校対策のアンケートの分析をまず述べる。その後、校内での検討を踏まえ、髪型や制服の男女の項目を撤廃するなどの校則の新旧比較の表を掲載する。

不登校対策のアンケートでは、「勉強が分からない」「友達関係」などが主訴であることが分かった。校則はアンケートでは下位だったが、このアンケート結果と分析をうけて、今の学校の当たり前を改めて見直すことからはじめることにした。その1つに校則があった。

2021年度の執筆現在は、校則を変えて2年目だが、現在も見直しを続けている。良かったこととして、

・校則に関する指導が減った（髪の結び方、靴下などの細かな指導がなくなった）
・理由も明確に言えないような生徒指導をしなくてすむようになった

・生徒の見た目からも多様性を感じるようになった

などが挙げられる。生徒に選択の幅がひろがったことは、後述する「ヘアドネーション」を学年に呼びかける生徒が登場するなど、生徒たちの自主的な動きの促進につながった。

1 生徒が行きたくなる学校を目指して

全国的にも不登校予備軍が10人に1人と言われている現在、全国と違わず、不登校生徒数の多さが本校の課題だった。当時の校長の掲げた重点課題の1つも不登校の改善である。多様化といいながら、学校は本当に多様化されてきているのか？　生徒が自分らしくいることができる、全員にとって居場所がある学校であれば、不登校の生徒の数も減るはず。

何がこうした息苦しさをうみだしているのか。校則に限らず、本校の課題を改善するために、まず最初に私は生徒指導主幹として、この課題を改善すべく実態調査から始め、知ることからはじめた。

登校している生徒に対してアンケート調査を行い、その結果を分析することは、不登校問題への予防的支援や不登校生徒の問題の改善に有効な方法を検討できるのではないかと考えた。

アンケートの内容と結果は以下の通り。

①学校は楽しいですか？

	1（あまり）	2	3	4	5（かなり）
3年	5	23	39	82	68
2年	8	15	56	54	79
1年	3	16	40	67	70

※単位は人

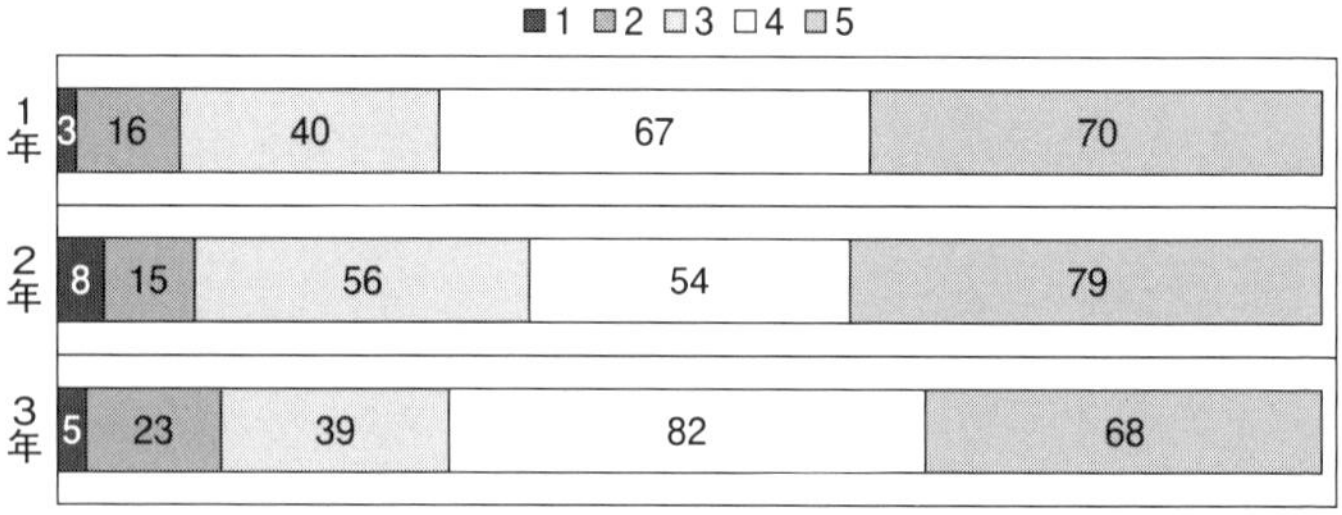

② ①で3以上に答えた人。学校生活で楽しいと思う時は？

	1	2	3	4	5	6	7
	休み時間	給食時間	授業	部活動	友達と会話	先生と会話	その他
3年	161	87	32	26	172	24	4
2年	147	89	37	92	161	37	6
1年	132	82	21	90	159	26	6

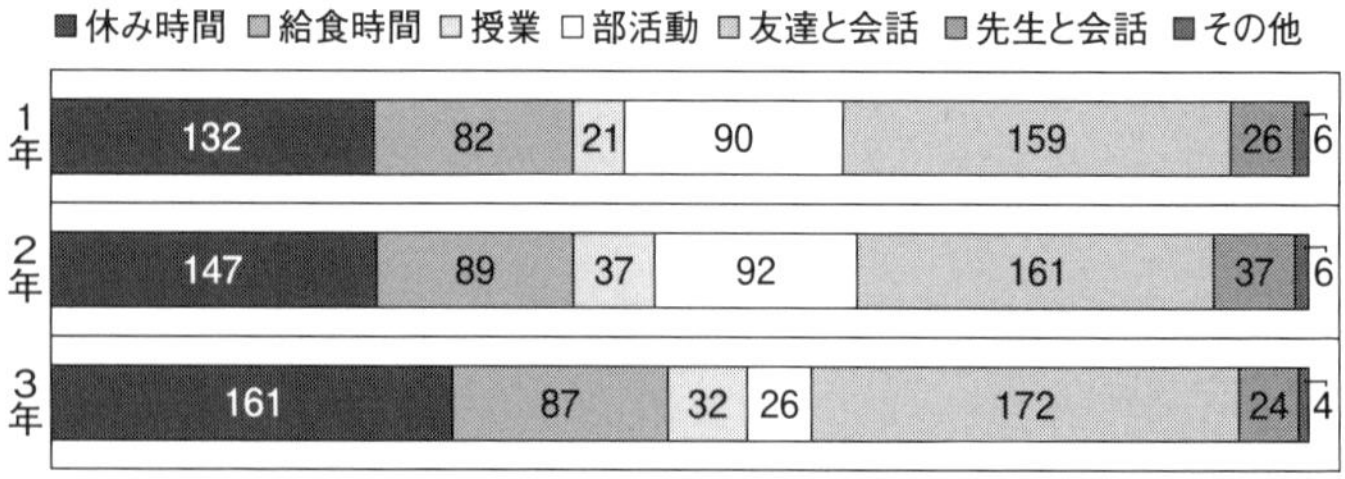

③ 学校に行きたくない日が3日以上ある人は、その理由としてあてはまるものに1から5の程度に応じて答えなさい。

		1	2	3	4	5	総計
1 行きたくない理由がわからない	3年	10	7	4	2	1	188
	2年	8	3	4	1	5	
	1年	8	5	4	6	6	
2 学校に行くまでがきつい・不安	3年	3	5	6	5	5	204
	2年	6	4	3	3	5	
	1年	9	2	3	4	6	
3 特に月曜日に行くのがきつい	3年	3	1	3	9	10	277
	2年	5	1	2	5	9	
	1年	4	2	5	4	12	
4 友達をめぐる問題	3年	14	1	3	9	10	214
	2年	7	2	4	4	4	
	1年	16	2	2	2	2	
5 先生との関係をめぐる問題	3年	12	2	3	3	5	160
	2年	5	4	5	2	4	
	1年	16	1	3	0	3	
6 勉強が分からない、成績が伸びない、授業がきつい等、学習面に関する問題	3年	5	2	8	7	4	238
	2年	4	0	7	5	7	
	1年	7	4	3	2	9	
7 卒業後の進路に関する問題	3年	4	4	7	6	3	181
	2年	7	4	3	2	4	
	1年	11	3	4	2	4	
8 クラブ活動や部活動に関する問題	3年	17	2	1	1	1	119
	2年	10	3	4	3	2	
	1年	18	2	3	0	1	
9 校則などの決まりに関する問題	3年	13	0	5	0	6	164
	2年	9	6	1	1	3	
	1年	13	2	2	0	8	
10 入学した時や進級した時、うまくなじめない問題	3年	13	3	3	2	2	140
	2年	12	3	2	1	4	
	1年	15	2	4	0	3	
11 家族との関係や家庭での問題	3年	19	1	3	0	2	123
	2年	11	4	2	1	2	
	1年	18	1	0	1	4	

※総計数は5を付けた人数＊5点、4を付けた人数＊4点、3を付けた人数＊3点、2を付けた人数＊2点、1を付けた人数＊1点を合計したもの

この結果をうけて、次のような分析をした。（以下、職員会議提案資料より。この分析は北九州大学の楠凡人教授の助言も受けた）

2　アンケート結果の分析

(1)　不登校になってしまう大きな要因「学習への不安」と「友達をめぐる問題」

本書趣旨の校則からは少し外れるが、授業における支援の体制や交友関係などは校則にもつながりがあるため、この2点が大きな負担になっていることが改めて分かった件について言及させていただきたい。

①　学習への不安　個に応じた指導の必要性

今日、子どもたちの学力分布が2こぶラクダになっていることはよく指摘されている。不登校に陥る原因として、学力疎外状況からくる学習意欲の低下が影響していることは十分に推測される。生徒にとって学校生活のほとんどを占める授業が生徒にとって楽しいものになれば、不登校問題の一定の改善につながると考えられ、私たちの授業改革を進める必要性を表している。

その一方、学力的には必ずしも低くはないが、発達障害が原因で現在の学習スタイルにはうまく適応できず、不登校につながっている生徒も存在している。それだけに、個に応じた支援、インクルーシブな授業づくりを早急に進める必要がある。また、そこに人的措置もあればなお一層授業改革はすすむと考えられる。

② 友達をめぐる問題 個別の理解に向けて

「友達をめぐる問題」での悩みや葛藤は、不登校生徒、校内適応指導教室に来ている生徒との対話からもしばしば感じられる点である。また、そこで共通して耳にするのは「集団がこわい」という発言である。思春期に入り、自分自身やまわりが客観的に見えてくるタイミングで、友人関係の悩みが大きくなることは一般的な傾向であるが、それだけでなく、発達障害やかなり強い発達特性のために、周囲の生徒とうまく意思疎通ができず、適応障害を起こして不登校に陥っていくケースも存在している。

生徒の個々の「特別なニーズ」に合わせた支援が必要である一方で、「特別なニーズ」をもった生徒の人数の多さに教師側の支援が追いついていないところもあることは否定できない現実である。発達特性や養育環境の困難さを抱えた様々な生徒にとって「居場所」（安心して自分の思いを表出できる場）と「出番」（学校の中で能動的に参加し、自分の存在が肯定される場）がある学級活動や学校行事を進めていくことが、不登校問題の根本的解決には必要不可欠であると言えよう。

(2) 校則は7位　諦めも反映か

さて、校則については学校に行きたくない理由の7位である。これをどうみるかであるが、生徒との関わりの中で、「言っても変わらないもの」という諦めがあるのではないかと考えた。また、決まっていることに何も考えずに乗っかる方が楽だと捉えている生徒もいる風に見受けられる。そう感じる理由は日常的に「先生、なんでツーブロックはダメなんですか？」や「どうして三つ編みはダメなんですか？」「なぜ鞄にキーホルダーを付けたらダメなんですか？」等、話しにくる生徒がいる一方、これを公的な場で意見を言う生徒はいない。というよりも、そのような場面を作っていない。生徒総会にも出す場面はない。私たち教師は、これからの未来を担う生徒にどんな力を付けたら良いのか。もう一度、原点に返る必要があると考えた。そこで目にしたのが日本財団が行った、「18歳意識調査」第20回 テーマ：「国や社会に対する意識」（9カ国調査）（2019）である。ここについては校則改正の根拠となる部分であるので後に記述する。

(3) 休み時間改革 そして校則の改善へ

本校では、アンケート結果を基に、学習の悩みについては研究部を中心に授業改革をすすめることとし、友達関係の悩みについては生徒会指導部と生徒指導部がタイアップして行事の改革やコミュニケーションをとることが苦手な生徒のための取組を始めることとした。

まずは、休み時間の居心地の良さを創出するため、生徒会がこれまで認めてきた「ボール」以外にもトランプやウノ、ジェンガ、人狼、ウボンゴなどの対話のきっかけになる道具を貸し出すことをＯＫする案が浮上した。この方針はこの年の職員会議で通り、翌年、生徒総会で可決されてから実施に至った。

こうしたカードゲームなどの遊び道具は学校に不要な物として禁止されていたが、現在の生徒の状況を分析した結果から、コミュニケーションツールとしてその必要性を感じ、導入することにした。実は私たち教師は、その効果を修学旅行の時などに実感していた。日頃、会話もあまりしない生徒同士が、修学旅行の時だけは持ってくることが許されるトランプやウノを囲んで楽しく対話している。なかなか日常生活で接点が見いだせない生徒同士が、楽しく対話している姿を微笑ましく、うれしく思って見ていた。

また、トランプやウノなどを学校で使用できることで、自分たちで道具を管理したり、使用上のルールを決めるという自主的な力の育成にもつながる。

この分析と方針が運営委員会、職員会議を通り、実施につながった。実施に向けては、生徒会指導部の教師と生徒会役員が話し合い、どのような形で運営するか協議した。その結果、生徒総会でカードゲームの導入の意義と利用方法を提案することとなった。生徒総会でも可決され、初年度は道具を生徒会室で希望者に貸し出す方法をとった。しかし、貸し出す委員会の仕事が煩雑になったため、今年度は各学級から何を借りたいか希望をとり、各学級ごとにルールを決め、管理することとなった。現在、昼休みになると私的グループの垣根をこえて楽しく遊ぶ姿、教室にぽつんといる生徒に声をかけて一緒にトランプをして遊ぶ姿等、心があたたまる光景をいろんな教室で目にするようになった。

このように今、私たちが「当たり前」と思っていることを全て根底から見直すことをスタートした。

3 校則は何のために

(1) 立ちはだかる「ゆるめたら荒れる」という思想

校則改革の話が始まった当時の校長（北野恵一氏）の後押しもあり、不登校解消に向けて、学校の「当たり前」である校則について改めて見直し、検討することにした。最初に行ったことは、現在の校則がいつどのようにできてきたのかの確認である。

これについては、生徒手帳に載せている校則だけでなく明文化されていない校則が多々あった。いくつかを例示する。

・髪の結ぶ位置は耳より下で、ポニーテールは不可。
・髪の結び方はお団子、三つ編み、編み込み、ハーフアップ、結んだ髪を再度くくること、横結びは禁止。触角（横髪を少し垂らす）は禁止。
・鞄にキーホルダーを付けてはいけない。　等

これまではこの明文化されていない口伝のルールでもって、何気ない会話から生徒指導をスタートするのではなく、廊下ですれ違いざまに違反に気付き、いきなり指導しなければいけない時もあった。場合によっては、その一言でトラブルになることもあった。その時の生徒の表情は今も覚えている。また、髪型が違反なので直してもらうよう保護者に連絡をしたり、指導に従わないときは別の部屋で教育相談をしたりすることもあった。

特に細かい規定が多かったのが頭部だ。髪の結び方から結ぶ位置まで、口伝えに受け継がれているものがいくつもあった。そしてその多くがいつどのようにして決まったのかも、またその根拠が分からないものばかりだった。ひとつひとつの根拠は分からないが、よく耳にする理由に「高校入試の時に不利になるから」「学校が荒れるから」というものがあった。

(2) 校則の制定理由について

こうした理由ははたして本当であろうか。民間の学習会等で一緒になった高校の教師に話を聞くと、髪型で不合格になることはないとのこと。逆にポニーテールだったから不利になった、くるぶしソックスだから不利になったとしたら、それはそれで問題である。まさに都市伝説としかいいようがない。そう考えると、私たち教師自身が「あたりまえ」と思っていたことを疑う必要があると改めて思った。

またもう一つの問題は、「校則をゆるめたら学校が荒れる」という思想である。これは1980年代の校内暴力、非行問題が大きく社会問題になった時代をどのように総括したかに由来していると思う。荒れた学校の状態を校則を厳しくしたことで落ち着かせたと思っているなら、この校則の見直しは危険な行為である。しかし、はたしてそうであろうか。ここに関しては坂田仰氏（日本女子大学教職教育開発センター教授）の著書の中で、学校は問題

行動を抑える手法として「校則」を活用したと述べている。(i)(ii)

(i) 校則を守らなければ学校に入れることはできないといった指導のもと、校内では一定の安心・安全を確保できるようになった。しかし問題は校外へ移行した。また不登校やひきこもり、いじめの問題のようにもっと見えなくなったとも考えられる。同質のものをアメリカで広がった「ゼロ・トレランス」に感じる。アメリカの心理学会の効果検証タスクフォースは「ゼロ・トレランス」を次のように結論付けている。「ゼロ・トレランス」は、結果として問題を起こした子どもにスティグマ(負の烙印)を与え、自尊感情を破壊し、更生を阻む場合が多い。

(ii) 結果的に社会からドロップアウトする青少年を増やすことになっている。これは先ほど問題行動を抑える手法として「校則」を活用したという捉え方で見た時の問題点と重なる点である。

このように考えると、多様な生き方・価値観の尊重が広がっている現代において、現行の校則を守っていく必要性は、校則制定当時とは異なるものになっているはずだ。そこで、そもそも校則とは何か、校則の議論が過去どのような変遷をたどったのか、社会的背景等を様々な文献を寄せ集め、校内研で紹介した。そして私たちは学校での子どもたちのどんな力を伸ばさなければいけないのか、考える機会とした。

4　子どもたちにどんな力を

『学習指導要領解説　総則編』では、

情報化やグローバル化といった社会変化が、人間の予測を超えて加速度的に進展することを踏まえ、複雑で予測困難な時代の中でも、生徒一人ひとりが、社会の変化を受け身で対応するのではなく、主体的に向き合って関わり合い、自らの可能性を発揮し、多様な他者と協動しながら、寄りそい社会と幸福な人生を切り開き、未来の創り手となることができるよう、教育を通してそのために必要な力を育んでいくこと

と示されている。同様のことが道徳教育の目標にも次のように掲げられている。「生徒が日常生活での問題や自己の生き方に関する課題に正面から向き合い、多様な価値観から考え方の対立がある場合にも、誠実にそれらの価値に向き合い、自らの力で考え、よりよいと判断

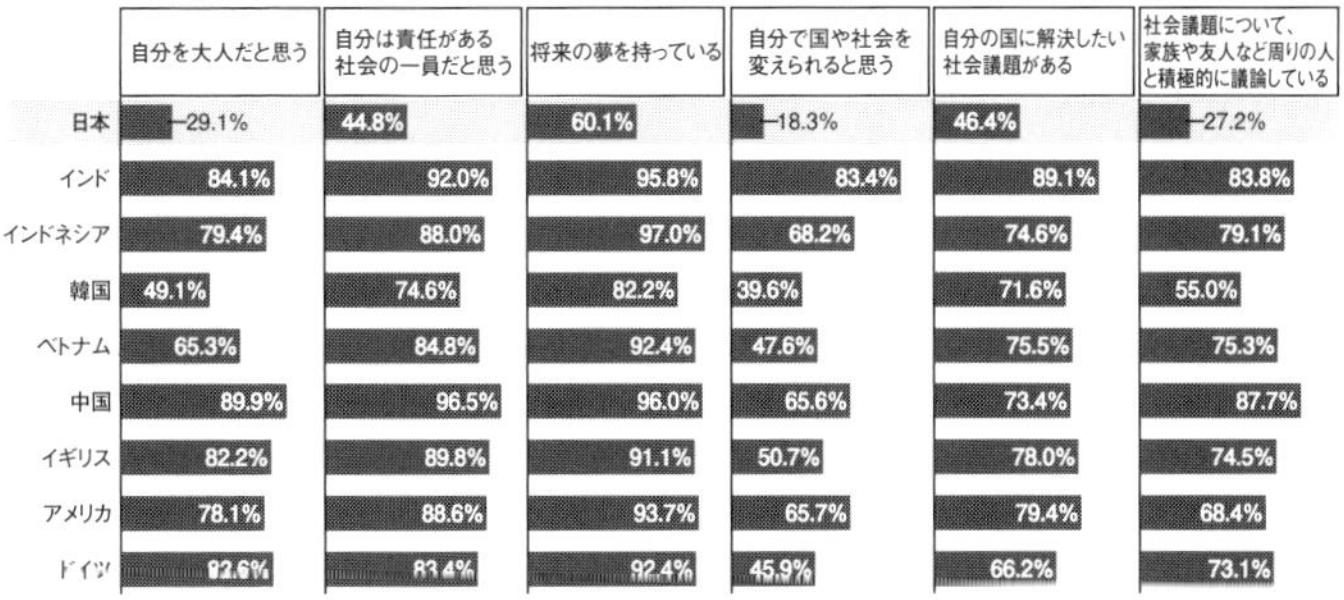

日本財団「18歳意識調査」第20回
テーマ：「国や社会に対する意識」（9カ国調査）

したり、適切だと考えたりした行為の実現に向けて具体的な行動を起こすことが重要である」。

このことを校則問題に置き換えて考えると、指導要領が目指す姿は、既存の校則を遵守させるにとどまらず、現状に合わせて改良していく力の育成ではないだろうか。ちなみに、本校の目指す生徒像の3つめも、「心身ともに健康で逞しく、社会の変化にしなやかに対応できる生徒」とある。まさに社会の変化に応じて、現状を見つめなおし、多様な意見をすり合わせながら合意を形成し、校則をつくることに参画していくことが求められているのではないだろうか。

その必要性は、日本の若い世代の現状からも感じる。日本財団が2019年9月下旬から10月上旬にかけて行った世界9カ国で9000人の若者を対象に実施した「18歳意識調査（上の表）」によると、日本は「将来、国が良くなる」と考えている人が1割以下、「自分の力で国や社会を変えられる」と考える人も2割に満たなかった。世界第3位の経済大国でありながら、希望もなく、社会を変える意欲もない若者像が浮かび上がる。日本はいずれの質問においても9か国中最下位となっている。(iii)

特に低い値を示した質問は「自分で国や社会を変えられると思う」で18・3%、5人に1人以下である。この結果を見て感じるのは、本校でも「学校を変えたい」「〜をしたい」という生徒はあまり見ないことだ。

この調査結果をどう見るかであるが、小さな社会である学校において、自分たちの力で何らかのことやものをつくりあげたり、変えた経験がない(実感がない)生徒が、国や社会を自分たちの力で変えることができると思うことはできるだろうか。これは今の生徒の現状を見ても同じことがいえないだろうか。教師が指示を出し続けている限り、生徒は考えなくなる。今、生徒と対話をしながら校則を見直していこうとする試みは次の世代を担う生徒にとって、まさに社会を自分たちの力でより良くする意欲を育てることにつながるのではないだろうか。

さらに言うなら校則問題に関連して「社会には理不尽なことがたくさんあるのだから、理不尽さに耐える訓練をしよう」というような意見を耳にすることがあるが、そうではなく、理不尽なことを変えていくすべを学ぶ、変えようとする意欲を育むことが未来の創り手となる生徒にとって必要なのではないだろうか。

国も生徒の自尊心を傷つけてはならず、当事者らの合意の元、見直しをしていく必要性を言っている。学校にふさわしい髪型とは何か、この行動は良いのか悪いのか、みんなで考え、議論していくことこそアクティブ・ラーニングであり、主体的・対話的な学びである。

上記のようなことを職員で共有した上で、次頁表のように校則を見直した。この見直しは現在、毎年行っている。ジェンダーレスになったことでスラックス、スカート、そしてネクタイ、リボンのどちらでも着用できるようになった。見直しの視点は、

①現状にあった規定にする。

―不必要な指導を減らす意味でも本当に必要なものだけを規定にする。理由が説明できないものは削除。校則を守らせる指導よりも対話の時間をつくる。

②家庭の経済的な負担をできるだけ減らす。

―自由にすることで、どんどん華美になり、経済的な負担が家庭にいかないようにする。できるだけ安価なものを利用できるようにする。

<table>
<tr><th colspan="2">2018年度</th><th></th><th>2021年度</th></tr>
<tr><th>男　子</th><th>女　子</th><td rowspan="2">頭髪</td><td rowspan="2">○学校にふさわしい髪型
・前髪は目にかからない長さにする。（ピンで止めるか切る）
・後ろ髪が肩の線を越える場合はゴム（黒・紺・茶）で結ぶ。※結び方は特に規定はしない。
・整髪料・脱色・染色・パーマ・縮毛・矯正・アイロンなどの加工は原則禁止
・部分的に極端な長さの違いは禁止</td></tr>
<tr><td>○前髪は目にかからない
○横は耳にかからない
○後ろ髪は襟にかからない
○整髪料・脱色・染色・パーマなどの加工は禁止（ツーブロック禁止）
○部分的に極端な長さの違いは禁止</td><td>○前髪は目にかからない
○後ろ髪が肩の線を越える場合はゴム（黒・紺・茶）で結ぶ。また、三つ編みは可とする。ただし、編み込みは不可
○整髪料・脱色・染色・パーマ・縮毛・矯正・アイロンなどの加工は禁止
※結ぶ位置は耳のラインより下。横にひとつ結びやだんごは不可</td></tr>
<tr><td>○西中学校指定のブレザー（名前刺繍入り、ネクタイは学年別）
○シャツ等はきちんといれる。
○ワイシャツは白色（下着：中間服の場合白またはベージュ。ブレザーの場合黒も可）</td><td>○西中学校指定のブレザー（名前刺繍入、リボンは学年別）
○シャツ等はきちんといれる。
○ブラウス（下着　黒・紺・茶・白・ベージュ）</td><td rowspan="2">服装</td><td rowspan="2">○西中学校指定のブレザー
○白色のワイシャツ、ブラウス。シャツ等はきちんといれる。（下着は黒・紺・茶・白・ベージュの無地）
○西中学校指定のズボン・スカート
○ベルトの色は無地で黒・紺・茶とする。（装飾のないものとする）
○スカートは膝が見えない長さにする。</td></tr>
<tr><td>○西中学校指定のズボン
○ベルトの色は無地で黒・紺とする。メッシュ生地は不可
○腰パンしない</td><td>○西中学校指定のスカート
○膝をついて床につく。短いときは期間を決めて直させる。</td></tr>
<tr><td colspan="2">○白地の運動靴（白の部分が３分の２以上）
○ひもは白色とする　○ハイカットは禁止
○基本は、白のソックス。ただし、ワンポイント（足の甲などにあるワンポイントは上靴から見えない）と３本ラインまでは許可する
※来年度からはワンポイントをくるぶしにある物とする。</td><td>靴・靴下</td><td>○紐をふくめて白を基調とする白地の運動靴
○ハイカットは禁止（体育の授業で使用するため）
○基本は、白のソックス</td></tr>
<tr><td colspan="2">○夏服については、上着はポロシャツ（学校指定）。夏から秋、秋から冬の移行期間はベストのセーター（学校指定）を自由購入</td><td>その他</td><td>○夏服については、無地の白色ポロシャツか学校指定のポロシャツ
・指定のベストか無地の紺・グレー・黒・白・茶のカーディガン、ベスト、セーターも可。フードつきは禁止</td></tr>
</table>

③判断する力を養う。

―自分で判断せずに、判断することを人任せにする生徒が多く、生きていく力の育成にはつながっていない。よって必要最低限の規定にする。このような観点に基づき、生徒指導部で協議した上で発案、協議していった。

2020年のコロナ感染症対策のための一斉休校明け、学校再開したときに想定される事象とその対応について校内研を行った。その中で、名古屋大学の内田良さんや北九州市立大学の楠凡人さんの提起をもとに、学校ができること、学校に求められているものを確認した。例えば、1つ目の方針として、子どもたちの心に安心感を届けること。「安心感」があることは学力保障の基盤でもある。子どもの思いを受けとめ、子どもとの信頼関係を醸成する取組を模索する。（遅れた学習内容を強迫的に詰め込む学習を子どもたちに強いてしまわない）安心できる学級、学校づくりを今まで以上に意識し、積極的に声をかけていく。担任だけでなく、学年職員全員で今まで以上にアンテナをはって様子を見、気になる生徒の情報はすぐに職員間で共有する。といったようなことである。また、異装や髪染め等の指導については何らかのサインだとして受け止め、まず訳を聞き取ることを全体で確認した。

実際、頭髪で指導する生徒が急増することはなかった。判断に困るような事があったら、毎週の生徒指導部会で検討するようにしていたが、結果的に年間を通して検討した事項は数件である。大きな混乱がなかったどころか、今まで日常的に行っていた校則に関する指導は激減った。その分、生徒との対話の時間が増えたことは非常に良かった。何よりも注意から対話を始めることが減ったことは生徒にとっても教師にとっても良いことである。保護者からも、シャツやポロシャツが市販で売っているものでも良くなったおかげで安く買えると好評である。同僚からも「最初、変えるときは心配だったけど、変えてみたら特に何もなかったですね」と言われた。もしあったとしても、その都度協議し、一緒に考えていくこと。その議論する過程が大事だということを全体に伝えていた。また、生徒も自由に髪型を変えることができるようになってうれしそうだった。校則が変わった最初、結び方が自由になったことで、ある女子は休み時間に髪を何度も結び直し、いろんな結び方をしては見せに来るなど楽しそうだった。2018年度の卒業生は、来年度から校則が変わることを新入生説明会で知って、「先生たちはようやく気付いたんですね」と言った。また校則を見直した年、男子生徒に長髪にして髪を結ぶ生徒もでてきた。その男子生徒は、母親を癌で亡くしたことをきっかけにヘアドネーションをしたいと髪を伸ばし始め、学年全体にも賛同を呼びかけた。このように自分の意見を表明し、行動にできる姿こそ、待ち望んでいた姿だった。今年度も各学年でおこる問題をきっかけに、「このルールは必要なのか？」といった発言を吸い上げ、生徒指導部会で協議を続けている。今後も実態に合わせて修正し続けていくことが必要だと思う。その際に、生徒や保護者、教員の声に耳を傾けることを忘れてはならない。次は、どのように意見を吸い上げていくかの体制づくりが必要だと思っている。

〈アンケートについて補筆〉

今回、不登校生徒にはアンケートをほとんどとれていない。また、不登校の兆候がある生徒、不登校生徒に学校に行きたくない理由を聞いても明確に答えることができる生徒はほとんどいない。それは言語化することの困難さと様々な原因が複合的に絡み合っているからだと考えられる。不登校の兆候がある生徒、不登校生徒の状況把握は毎週、生徒指導委員会で行っている。また場合によってはケース会議を持ち、方針をたてて組織的に動くようにしているが、解消にまではいたっていない。

参考・引用文献

(i) 坂田　仰（2015）生徒指導とスクール・コンプライアンス〜法律・判例を理解し実践に活かす〜学事出版　P124
(ii) American Psychological Association Zero Tolerance Task Force. (2008). Are zero tolerance policies effective in the schools?: An evidentiary review and recommendations. American Psychologist. 63 (9), pp.852-862, Russell J. Skiba. (2000). Zero Tolerance, Zero Evidence: An Analysis of School Disciplinary Practice Policy Research Report

#SRS2 August, 2000, Indiana Education Policy Center
(iii) 日本財団「18歳意識調査」第20回テーマ：「国や社会に対する意識」(9カ国調査)(2019)
秦　正春(1991)校則と子ども—中学校を中心として—　日本教育経営学会紀要第33号
舟越　耿一(1993)校則制定の根拠とその範囲　長崎大学教育学部社会科学論叢45
白石　淳(1996)生徒の頭髪と生徒指導に関する一考察　北方圏生活福祉研究所年報
生徒指導提要(2010)文部科学省
舟木　正文(2003)学校暴力と厳罰主義—アメリカのゼロ・トレランスの批判的考察—大東文化大学紀要41号
大浦　賢治(2010)ゼロトレランスかカウンセリングか　早稲田大学大学院教育学研究科紀要
鈴木　大裕(2016)崩壊するアメリカの公教育：日本への警告　岩波書店
荻上チキ・内田良(2018)ブラック校則　理不尽な苦しみの現実　東洋館出版社
工藤　勇一(2018)学校の「当たり前」をやめた。　時事通信社
西郷　孝彦(2019)校則をなくした中学校　たったひとつの校長ルール　小学館

性の多様性を前提とした学校のルールを作ろう

～ＬＧＢＴユース支援の立場から～

一般社団法人にじーず代表　遠藤まめた

学生時代の悪夢をみてうなされる経験は、多くの大人が身に覚えのあることだと思う。テスト勉強が間に合わない、単位をおとしてしまう、など、すっかり大人になったのに悪夢にうなされ目が覚めてから「夢でよかった」とホッとする。トランスジェンダーの私にとっては、このレパートリーのひとつに加わるのが制服である。制服のスカートを履かなくてはならず「こんな格好で友達に会えない」と絶望しながら、結局はやむをえず電車に乗って、その恥ずかしい姿を一日中、人前にさらさなくてはいけない。

高校を卒業してから10年以上たっても、この悪夢との付き合いは終わらず、30代半ばになった今でも時々みる。ただ、最近の夢では、校則を無視して私服で登校を試みるなど「やられっぱなし」ではなく権利主張をするようになった。私は現在、ＬＧＢＴの子ども・若者支援の活動をしていて、子どもたちと「いやな制服を着なくていい」「いっそ私服で登校したっていいのではないか。それも権利ではないか」

などとディスカッションする中で自分の権利について自信を持てるようになったからだろう。

私にとってセーラー服の着用は「好き嫌い」の次元ではなく、とにかく間違っていて、恥ずかしくて、地獄でしかなかった。電車の窓にうつる自分の姿も、消しゴムを拾うときに目にはいるスカートの布地も、死にたいと思わせるのには十分だった。道端で私がボコボコになぐられていたら「なんてひどいことを」と言って、誰かが止めてくれるだろう。でも毎朝、死にそうになりながら制服を着ている自分は、単なる学校の日常風景の一部でしかなく、まわりから悲劇だと認識されないことが絶望感を高めるばかりだった。

いまでも、このような気持ちで毎日を過ごしているトランスジェンダーの子たちがいることに、大人として責任を感じてしまう。

岡山大学の中塚幹也教授の調査によると、同大学のジェンダークリニックを受診したトランスジェンダー約1000名の半数強が物心ついた頃から、そして約9割が中学生までに性別違和感を持っている。約3割に不登校経験があり、約3割が自殺願望（自殺念慮）、約3割が自傷・自殺未遂の経験を持っている。中学時代の自殺願望の原因として制服を挙げたトランスジェンダー当事者は約25％にも及んでいるという。

制服以外にも、学校では性別を二分し、本人の自認とは異なる扱いを続ける場面がある。たとえば、私が出会った中学生は髪型の規則につまずいて不登校となった。不登校となった学校から「性の多様性についての研修をしてほしい」と研修に呼ばれたが、「男子は長髪禁止」というルールをどうするのか議論は定まらず、結局ずっと不登校のまま卒業した。

校則をめぐる問題は、すべての子どもたちの人権に関わる問題であるが、マイノリティの子どもたちに負担がより集中することは忘れてはならない視点だ。トランスジェンダーにとっては学習権に関する問題であり、いのちに関する問題でもある。

２０１０年代よりようやく日本社会でもＬＧＢＴについての認知が高まりつつあり、それに伴い子どもたちからも「どうして制服が選べないのか」という意見が以前よりも出るようになった。昨今広まりつつあるスカートかスラックスか、リボンかネクタイかを個人が自由に選べるという制服選択制は、トランスジェンダーに限定せず全ての子どもの選択肢を尊重することがうたわれている。そのようにうたわないと、カミングアウトを強要することになり、事実上だれも選べないのではないかという論点があるし、女子にとってはスラックス制服は「寒いから」「自転車通学するから」など、いろんな意味でメリットもある。先生方からは女子スラックスは「違和感なく馴染む」と好評であるが、男子のスカート着用については二の足が踏まれることもある。男子と女子で異なる運用をすることは差別的なメッセージを出すことになり、もう少し議論される必要を感じる。

2020年夏には、江戸川区在住の高校生が「中学時代にスカートを履かざるをえなくて、毎日血反吐を吐く思いだった。大人になる前に死んでしまおうと思ったこともある」と述べ、制服選択制導入をもとめる1万筆の署名簿を区長に手渡した。2021年6月には、富山県の高校生が「私と同じように制服や校則で苦しむ人たちをこれ以上増やしたくない」と同様の署名簿を県知事に手渡した。学ランを着ることが苦痛で自分だけ修学旅行にもいけず、いきたい全日制高校があったのに諦めて通信制高校に通っている生徒だった。

いずれもオンライン署名サイト「Change.org」上で署名活動が行われ、私はこのサイトの運営会社のスタッフとしても二人と関わる機会があった。二人とも性的少数者にかかわらず全ての人の選択肢のために声をあげている。ここでかれらが訴えていることが「最近は女の子も私服はズボンだから、違和感がないから女子のスラックスもいいいね」というだけの、とても限定された形での制服選択制に集約されてしまっては、あまりに残念でならない。個性を大切にしましょう、といいながらも想定外とされてしまう人々がこれまでにいたことが、活動の背景にあり、新しい制服選択制のルールが新しい「想定外」を作り出すようなことは避けたい。

ふりかえれば日本中のほとんどの学校が、これまでトランスジェンダーの生徒がいることを想定してルールを作ってこなかった。制服も髪型も、「くん」「さん」という名簿にもとづいて自動的に呼称をよびわけるやり方も、根っこはつながっている。私が関わるＬＧＢＴの子どもたちは、着替えや宿泊行事での入浴、健康診断などを個別で受けられるのなら早くそのことを言ってほしいと訴えている。そして理由を言わなくてもそれが可能になってほしいと語る。多様性を前提とする上では、最低限必要なことだろう。理由を説明させて、許可をするやり方以外に、個人のプライバシーを保証するやり方が学校のさまざまな場面でひろがってほしい。

　また、学校は異性愛の生徒ばかり前提にしがちである。「思春期になると異性を好きになります」とだけ書かれた教科書を、特にコメントを加えずに使えば、存在に言及すらされない同性愛の生徒は「いないことにされた」と感じるだろう。非公式な存在とされ、たまに言及されるときは「ネタ」として笑われるばかりだったら、自分が歓迎された存在と思うことも難しくなる。学校が異性愛中心な場になりやすいことを認識している教員であれば、たとえ同じ教科書をつかっても別の授業をすることができる。幸せに生きている同性カップルの姿を子どもたちに伝えることだって可能である。

　このように考えたとき、多様性を尊重することは、単に思いやりや気配りではないことがわかる。多様性を尊重するとは、これまでのルールを変えたり、新しくルールを作ったりするための知恵や技術を指すのだ。性の多様性を前提とした学校のルールを作ろう。人権について授業で教えることよりも、その変わっていくプロセスが子どもたちにとっても一番の学びになるのではないか。

第３章

中学校教師

校則に関する覆面座談会

中学校の３人の教師の話から、学校の校則を強化しているのは必ずしも学校側ではないことが分かる。しっかりやっている姿を見せる「教師的にいい子」や「子どもが浮かないように基準を求める」保護者、「自分では注意しないけど注意したい」地域の人など、校則問題は複層的に考える必要がある。おかしいと思っている教師も「前例だから」「変えるプロセスがないから」と超えなければならい壁がある。

それでも見えてきたのは、「学校は子どものためのものである」という教師の思いだった。全国的に校則を前向きに見直すためのヒントが多く見つかった座談会だった。

西日本。

実際に校則を改革した学校に所属。

山本
(50代)

関東地方。

校務分掌では定期テストや成績を担当。

学生の頃から部活動の研究をしている。

M
(20代)

校則を緩くして揺れたのは「大人の心」です。

「教師的にいい子」が校則を強化することもあるんです。

民主的に校則を変えるプロセスがない。変わっていかない構造が見えてきました。

義務教育段階で必要な縛りもあるにはあると思います。

司会 内田
教育社会学者。

こころ
(30代)

近畿地方。総合的な学習や委員会指導、教科主任を担当。働き方改革、部活動問題に関心がある。

※司会以外匿名

内田　僕は昨今、特に校則問題の環境改善に力を入れて取り組んでいます。本日は中学校の校則の現状や、校則が必要となる理由についてお聞かせ願えると幸いです。よろしくお願いいたします。

M　関東地方で中学校教員をしています。3年目で、分掌のリーダーとかではありません。ただ、生徒と年が近いので、「この校則どうなの」などの話を聞くことがあります。

1．「ニュースで聞くような校則じゃないうちは変える必要ないよね」

昨今の校則の報道で出てくる例は極端　だが根は同じものも

M　こんにちの校則の報道については、「髪の毛をストレートにしなさい」「黒髪にしなさい」などのニュースは、正直「ぶっとびすぎている」と感じています。そこまで生徒を服装で縛るような校則はうちにはないのです。そうした報道があった翌日とかの職員室の空気を思い出しても、話題に上がることはありますが、そうしたものの先にある「校則に内在するそもそもの課題」を自分事として受け止められていないという現状です。

内田　なるほど、他人事みたいに感じられている先生方もいらっしゃるのですね。

M　「髪の毛の色の指定」に近い校則はうちにもあるのです。肌着の色、ヘアゴムの色の指定があります。これも根は同じ問題だと感じるのですけれども、改革されていらっしゃる方々と比べると、かなり温度差があるように感じています。

むしろ、自校の校則を考えるときに、「あそこまではないから、あれに比べたら、自校はまし」的な雰囲気もありますね。

内田　それは校内で議論がおきていないということでしょうか？

M　ニュースそのものについての議論はほぼないです。世間話のレベルで少しあるくらいですね。年に一回、校則を変えることなどの話題がある会議があるのですが、そこでも議論という議論はないです。

内田　報道されているものは確かにセンセーショナルすぎていたり、それがすでにきれいに解決したりしているケースがほとんどですよね。報道の視点によって、逆に見えなくなっている校則の現状というのがありそうです。

こころ　Mさんと同じで、ニュースを見ていても「えっ！　そんなおかしな校則や、変な校則はうちにはないな」と、次の日学校で話題に上ったとしても議論にはならないことが多いですね。

内田　学校での校則にかかわる動きや議論はあまりないのでしょうか。

こころ　本校ではそもそも、生徒総会でしか、校則変更に至るプロセスがありません。「教師のための校則」ではないことから、生徒から出てこない限り議論する機会がないというかたちです。また、報道に上がるようなダメな校則と比べると、比較的自由なんじゃないかな、と感じています。髪の毛の結び方について指定はありません。あえて厳しいものでいうなら、「防寒着を着るなら下にブレザーを必ず着る」。「通学時のセーター通学ダメ」。これらの校則は、私はナンセンスだと思っています。

でもそれ以外は「髪型は奇抜なものだけNG」。「鞄も指定はない」。お話を聞いている限り、比較的自由かなと思います。

内田　おっしゃる通りで、「下着の色を確認する」など、今報道されているのは、明らかなおかしい校則ばかりと思います。「校則という決まり」が学校になぜあるのかということから根本的に見直していくような議論にはなっていかない。

報道されないような例でも生徒や先生が葛藤している例があるのではないか、報道にあがるような校則の事例の、一歩先のところに踏み込んでいきたいです。

山本　私は、校則にスポットライトが当たって、世の中全般にいろんな議論が生まれていることが、素晴らしいことだな、と思っています。

私の学校では校則を変更したのですが、「そもそも校則とはなんなのか」を考えることは、教職員同士、生徒同士、地域の人が、学校と関わるということの理想的な在り方を考えるきっかけになりました。

例えば、「中学生らしくありなさい」という言葉が子ども一人一人の主体性を奪っていないか、とか、「学校が荒れている／落ち着いている」という言葉の基準が実は人それぞれなのではないか、ということを考え直すことになったのです。

報道やその反応を見ていると、校則で教師が「生徒の人権を侵害している。学校と教師が画一的に生徒をずっと縛っている」という指摘も多いなと感じますが、一つ、こうした意見の方に、胸を張って言いたいことがあって、「われわれ教師は、道徳・人権教育を徹底してやってきた」ということです。北海道から沖縄まで、子どもの人権のことを考えていない教師なんていないと思います。冷たく無個性な教師が子どもを画一的に縛るといったステレオタイプなイメージも、幻想だと否定したいです。

ただ、その一方で、「生徒指導」の第一歩目の基準が頭髪の色・制服の着こなしなどになっている現実は確かに見られます。そもそもこうした規定は、本当に子どもたちが順守すべきことなのかについて、先生も生徒も保護者も含めて十分に考えてきていなかったと思います。いろんな思いがある人も、言えてなかったとも考えられます。

生徒の人権を大事に考えているはずなのに、「生徒指導」の方法についてしっかり考えてこなかったせいで、今このような形で批判が噴出して、学校教育自体にも疑義が向けられているとすると少し寂しいところです。

派手な髪色の子が「自然に戻す方へ導く」のが「立派な指導者」

山本　今お二方の話を聞いていると「割と自由な公立学校もあるんだな」と思ったのですが、私が勤務してきたのは、例えば「頭髪の色が派手だと、式典に入れない。遠足に参加できない」ということで、節目節目に頭髪や服装を指導することをずっとやってきました。私自身ずっとこの対応に疑問をもちながらも、従いながら教師生活を続けてきました。

いま、いろいろな方が報道で語っていらっしゃることで、自分自身も思っていたことを吐き出しやすくなったのはありがたいですね。

内田　僕（赤色の頭髪）なんて式典出られないですね。

山本　そうですね！（笑）

内田　学校の中でそうした校則改革の機運が高まっているのでしょうか。それとも、一部の山本さんのような方が主導しているのでしょうか。

山本　本校では、職員室の中でも、機運が高まってきました。でも多くの場合、高校の入学試験もあるし、卒業式までには生徒を「地毛」にさせています。そこから、「卒業式でもやるのだから、その前の大切な行事でも髪の毛等の指導をする」ということが受け継がれていました。先輩方も悩みながら、私にその旨を話してくださったのを覚えています。

そして「髪の毛が派手な子が、節目に髪の毛の色を自然に戻す」ことができるのが「立派な先生」という風潮も感じてきましたね。「地毛に戻せるのは指導者の力量だ」というような価値観がないとは言えないと思います。それは、教師だけでなく多くの保護者も思っておられるのが実態です。わが子の派手な素行をなおせるかどうかは、その担任の力量次第だと思っている保護者は必ずおられます。「○○先生の言うことだったら聞くのに」と。でも、「本当にこれは教師に必要とされる力なのか」こうした疑問を、語れるようになってきました。

内田　校則指導が第一だった学校がその意味を語れるように変化したということは非常にいいことですよね。一方で、Mさんとこころさんのところはほとんどそのような厳格すぎる校則はないけど、少し閉塞感がある、というところだと思います。山本先生のお話、いかが考えますか？

みんなが言える「白・黒・紺・茶・グレー」

M　うちの学校はもともと荒れていたそうです。そのころを知るベテランの先生は「その時代から比べると、校則は大分緩くなった」「緩くしてやってきたぞ」という感じで語られることがあります。この方たちからすると、荒れていた状況から、校則と生徒指導を変えて、落ち着いた状況を生み出したという事実があるのだと思います。一方で、私や生徒のようにそうしたことを知らないまま、今ある校則に向き合うので、会話に温度差が生まれてしまいます。私たちからすると、停滞している感じがあるのです。

内田　停滞している感じですね。諸先輩方が変えられて、今どのレベルの校則があるのでしょうか。厳密なルールは残っているけれども、一定程度は変わってきた、ということでしょうか。

M　そうですね、それこそ、去年、生徒が持っているルールブックから「ツーブロック禁止」などがなくなりました。逆に「ツーブロックを変えたからいいだろ」というところで停滞している風潮はあります。例えば以下のような根拠不明なものは残っています。

・髪は肩にかかると結びなさい。
・結び方は三つ編みはいいけど、「編み込み」「くるりんぱ」はダメ。
・下着の色の指定はない。だが、普段着の下に着る色、ヘアゴム、靴下の色は白・黒・

紺・茶・グレー。

内田　そうなんですね……その色、えっと、何色ですか、すらすら言えるのですね。

M　「白・黒・紺・茶・グレー」。全生徒、全職員が言えます（笑）。

内田　みんな言えるんですか（笑）！　先生は配属が決まったとき、何か感じたことありますか？

M　配属が決まった時に、「うちの学校は落ち着いています」とお聞きしました。でも、ふたを開けたらこのような校則できつめにしばっていた。最初に違和感を覚えたのは、入学式です。私は1年生の担任だったのですが、入学式でピンクのヘアゴムの子がいて、列から外されて指導されているのを見たことがありました。「これって、そんなめくじらをたてることかな」と思いました。生徒の命に直接かかわるようじゃないところ、ぎちぎちに決めることへの違和感、恐ろしさがあります。

一方で、若手の先生でも、指針があるからありがたいと思う人もいる。比較的規模が大きい学校なので、学年で統一の指導をしたいと思っている年齢が近い先生もいらっしゃいます。

山本　ものすごく気持ち分かります。ただ、我々はそうした校則はなくしました。

内田　この時流にのってなくしたということですか？

山本　おっしゃる通りです。まず、本校はまじめで優しい先生が多いです。それは校則があったときもそうで、厳格な校則があるからといって教師全員が校則原理主義的な考えではないです。

まず報道についての所感から申し上げますと、極端な校則を強いていることでやり玉にあがるような先生は実は全国、そんな多くないと思っています。繰り返しますが、報道によって「子供たちを杓子定規に規制している。そんな先生のマインドを変わるべきだ！」と思われている方がいらっしゃったら、それは一般論ではない、と僕は伝えたいです。教職員も悩んでいると思うのです。

特に昨今の学校は、首長や教育委員会からの統制が非常に厳しく、教職員一人ひとりが自由に物事を判断して、子どもたちに向き合うということがとてつもなく難しくなっています。実際に、学校に寄せられるクレームのほとんどが、教職員一人ひとりの考えや判断を尋ねるものではなく、「学校としてどうなのか！　教育委員会に確認して指導してもらうぞ」「市長にメールして抗議する」といったように、トップダウンのピラミッド構造を前提として学校教育が見られているという現実があります。教職員はみんな、自分で考えて判断する。目の前の子どもたち一人ひとりの個性や発達に合わせた向き合い方をするということが本当に難しくなってきました。

そんな中でも、校則を前提とした生徒との関わり方について先生方も一人ひとり悩んで苦しんでいたのです。なので、「せっかくだったらみんなで本当に思っていることを話し合いませんか？」「教育委員会や市長からに言いつけられる保護者や地域住民からのクレームを恐れて何もしないというのも本来はおかしい話だよね。我々は教員として目の前の子どもたち一人ひとりを大切に考えるという当たり前のことを自信をもってやってみよう」と校則を含めた生徒指導、生徒との関わり方についての議論を始めました。

はじめに話題になったのが「『服装や外見の規定違反』によって『学習を受けさせない』ことはおかしいのではないか」でした。本校では校則に違反している場合、教室に入れない方がいいのではないかと考える人もいたからです。

でも、「そもそも『靴下の色』『靴の色』って、気になりますか？」と。例えば派手か地味かなんて、人によるのではないか、とか議論していった結果、これはいらないよね、となくしていくことになりました。

「際立ちたくないから決めてくれ」

こころ　本校では、靴下と靴では縛りがありますが、同じ地域の前の学校にはなかったんです。同じ地域でも全然違うというところは、おかしいと思っています。

一方で、本校は現在「落ち着いている」学校なので、「決まりだから当たり前でしょ」と生徒は考えていて、校則についてあまり疑問に思わない子が多い。生徒に校則の話をしても反応はあまりないので、「おかしいと思う私がおかしいの？」となっています。

多分、そんなに不便に思っていないのだと思います。校則については、校風によって生徒の考えも違うのではないかな、と聞いていて思いました。

内田　そもそも服装の色の規定ってどんな理由があるのですか？

山本　まずは、「生徒が用意しやすい」という基準のため、という理由があります。さらに言えば、「校則を自由にしてくれ！」とは実は関係者はほとんど思ってないことがあります。「その方が困るよ」と。

多くの新入学生をもつ保護者の方からは「何色がいいのか示してくれ」とか「この色がいいと言ってくれたらそこから自由に選ぶ。際立ったことはしたくない」「決まりがある方が安心して準備をすることができる」とおっしゃられるのですね。

内田　なるほど。ちなみに、「色とか決めてほしい」とはどういうときに言われるのですか？

山本　大体多くの中学校では、小学校6年生向けに「新入生保護者会」を入学前の1～3月に行います。そこで「こういう学校生活なのでこういう準備品が必要です」などとお伝えします。この案内を「すごく感謝」していただく方がいらっしゃる感じなんですね。

内田　こういうときに特に指定していないと、保護者に「聞かれる」んですか。

山本　説明会で、「いわゆる生徒手帳をなくしました」「大切なことは人に迷惑かけないようにすることとです。靴の色などはその都度話し合われて決めていただければ問題ありません。人に迷惑がかかることとや、学習に支障をきたすものを身に着けているなどの場合は、こちらも指導します」などとしたら、地域の方から大分お叱りを受けましたね。

他の学校の先生からも疑問視されました。「なんという他人任せでいい加減な学校だ」と。「もう少しはっきりと基準を示しなさい」と。これは、一部の方の表現ですが「丁寧さに欠いている」。

だから靴下の色とか靴の色は、「おすすめ」を伝えています。

内田　それはやっぱり？

山本　「白・黒・紺・茶・グレー」ですね（笑）。

内田　こうした規則について「自分で考えて行動してほしい」と依頼すると「決めてくれ」と言われちゃうこともある。「それは本当に子どもが主体的に成長していけるのか」と先生が疑問に思っていらっしゃっても、なかなか発信することはできないですよね。

こころさんは地域や保護者のプレッシャーなど感じることはありますか？

こころ　保護者は地域によって全然違いますね。また、服装などが白黒紺など、前の学校にもありましたが、「生徒は誰も守っていないし、教師も誰も注意しない」学校もあります。それで特に学校がおかしくなるわけではないです。ちなみに高校入試の時は、生徒は華美なものを履いてはいきません。

内田　ほー。先生方はご異動されていくと思いますが、例えば校則、もしくはその運用が「緩くても問題なく回っていた」例を知っていて、厳しいところに移った場合、それを指摘するなどはあまりないのでしょうか？

こころ　縛りすぎの時は、そうしたことをきっかけに議論になることもあります。でも例えば、子どもも保護者も、その校則が当たり前になっていると、「変えてくれ」とクレームがこない。

内田　先生からは変えようという話にもならない？

こころ　「子どもがそれでいいなら」、積極的に変えるという議論にならないと思います。中学校、義務教育ではある程度、「社会ではこうしなければいけないということを身につける時期」という共通認識があると思います。「何でもかんでも自由でよいか」と考えると、最低限のことを教えなければいけない時期でもあるのかな、と思います。

例えば入社式を金髪で受けに来る大人って現実にはそんなにいないですよね。社会におけるいわゆる「通常」をどこかで感じている子どもの中にもそうした考えから「学校に赤い靴を履いてくることに違和感をもっている」場合があるわけですね。

通学時のセーター着用不可や靴などの色指定など意味の分からない校則は廃止すればよいと思いますが、義務教育の段階での染髪やピアス着用を認めることに関しては反対です。私も、正直言うと、全ての校則を廃止して自由にするのが一番楽です。生徒とも保護者とも揉めることがなくなるので。しかし、すべてを自由にすることにより、それが「当たり前」になり、TPOを知らないまま大人になってしまう子もいると思うのです。

校則とは別の話ですが、職場体験の際、生徒の言動に事業者の方が激怒され、謝罪に行ったことがありました。普段から「これぐらいよいだろう」と大目に見てきた結果がそういうことを招いたと大いに反省しました。学校では生徒理解のつもり大目に見ているつもりでも、社会ではそういうことが一切通用しないことを痛感した瞬間でした。ちなみに、職場体験の事業者側からの受け入れの条件に「茶髪・アクセサリー禁止」と書かれていることもよくあります。だから、義務教育の段階では、ある程度の制限は必要だと思います。

山本　いろんなお考えのお方がニュースなどの際に発信され始めていると思いますが、2021年段階では全国の義務教育の学校で、「染めていいよ」「ピアスあけていいよ」とかはごくまれだと思います。

「幼い子供が、本当に自主的な判断で責任をもって行動できるか分からない」という意見は、間違いではない。先輩方に教わったのは、小・中学校の教職員は、上下はないけど、小学校の6年間は義務教育のはじまりを担当する、中学校の3年間は終わりを担う。「世に出ていく土台」を育てるのが中学校。進路などで不具合が出るような状況を作り出したくないという考えです。社会に出ると見た目で判断される場合がある。その不利が生徒にきてしまうくらいなら、中学校の生活指導の段階で、身なりを整えましょう、などの考えがあると思います。

とはいうものの、小さい時からそのようなスタイルで生活してきた人もいるでしょう。発達の段階の問題も考えなければいけません。また、黒でない地毛を染めさせるなど、場合によっては身体への健康的な悪影響も考えられると思いました。

「何かが起きたとき」の対応が基本

M　保護者のクレームがないから、というのはその通りだな、と。誰かが疑問に思っていても「校則が変わらない」というのは、タイミングがないから、というのは大きいのではないでしょうか。

数年前、性別やそれに準じた服装に違和感を覚えると学年の先生に相談してくれた生徒がいました。さしあたり、女子用のスラックスを準備しようという話になり、各位で議論し、学校はその子が在学中にその体制をつくることができました。おそらく、動こうとすれば動けるのですが、こうした訴えなどがない限り、議論がそもそも起きないですね。

内田　どんな組織でもそうですよね。何か起きたときに考えるというのは。なるほど。山本さんは、「自由にしたからこそ」保護者からいろいろな要望がありましたね。逆に聞きたいのは、山本さんはどんな要因で変更に動いたのでしょうか。

学校に来れただけでも価値のあることなのに

山本　教師それぞれは、真摯に子どもと向き合うという「温かみ」がある一方で、最終的には校則があることによって「でも、髪の毛はどうします？」「ピアスはでも最終的にはどうなのかな」とかに戻っていってしまいます。

最近よく耳にする「親ガチャ」。とても悲しい言葉で、肯定的に受け止めていい言葉ではないなと思っています。でも、そもそも、学校に安心して送り出してもらえないなどの厳しい環境下にいる生徒もいるのが現実です。大変な事情を抱えながらも「せっかく登校した子ども」を「ちょっと君君、髪の毛ダメだから、今日は帰ろう」と指導することは本当の意味で「教育」なのでしょうか。

せっかく生徒指導の担当になり、世の中でも変わり始めている。先生に聞くと「私もおかしいなと思うことがあった」。「じゃあ変えていきませんか」という流れでした。

私は個人的には髪型やアクセサリーでその子の人格のすべては測れないこと、また、TPOに合わせた着こなしが必要なときもあると考えています。教師の中でも「髪の毛」などの身だしなみについて、規則を設定することについてしっかりとした考えをお持ちの先生もいらっしゃいまして、貴重なご意見として全体の生徒指導の考え方に取り入れました。また、学校外の大人の中に「中学生たるもの規律のある服装でいなさい」という意見がある人も理解できます。

そこから、教職員からこうした身なりを規定する校則について積極的に生徒会、保護者、地域住民等に意見を聞きにいきました。

内田　何も起きないと、どんな組織でも、基本的には変化しないですよね。山本さんのおっしゃられたのは課題の多い子がいて、その子たちを排除しかねないルールに学校が直面して、問題として顕在化してきたと思います。Mさんとこころさんに二点、お尋ねしたいのですが、例えば茶髪の子どもがでてくることをきっかけとして、学校の校則に対する対応が今後変わりうる可能性がありますか？

もう一つ、山本さんの変え方は、あえていえば「トップダウン」でした。「これは人権上の観点などからおかしいよね」ということで先生から変えていきました。一方で、生徒からのルールメイクではありません。「子どもは何も言ってこない」というところの校則の考えについていかがお考えでしょうか。「トップダウン」なのか「ボトムアップ」なのか。

2．生徒の方が「行儀よくやってます」

こころ　私の学校ですが、先も申し上げましたように、髪の毛の結び方について指定はないなど、比較的自由かなと思います。

茶髪の生徒が来たときの対応を考えると、前にいた「荒れ」ていた学校では、いちいちその頭髪を指導していると日常業務が回りません。一方で、いまの「落ち着いている」学校では、染髪などに関しては、黒髪に直すまで継続的に指導します。容認することはないと思います。生徒や保護者と話をしても理解や改善が見られない場合は、継続的に指導を続け、学校行事までには必ず直して参加するよう促していました。生徒も保護者も渋々それには応じてくれていました。ちなみに、今の学校はそういうあえて校則を破ってくる子はあまりいません。

内田　すいません、僕今混乱していることがあります。僕が学校の方から、しょっちゅう、定説のように何回も聞いているのが「学校が荒れているから、校則をきつく」ということです。「自由な学校は、賢い学校だからきつくなくてもいい」。でもこころさんの今のお話だと、逆に聞こえました。山本さんの話も。

「多様な子がいるのにより厳しくしてどうすんだ」。また逆に、ある意味「まじめで落ち着いているからこそ、がちがちのルールでもトラブルが起きずに通っていく」のだな、と。課題の多い学校はがんじがらめにしないということ？

こころ　「荒れている」学校は、がんじがらめにしたらもっと荒れると思います。真面目な子が多い学校は、厳しかろうが緩かろうが順応することが多いのかもしれませんね。

M　そうですね、話としては「厳しくした方が荒れない」とは聞きます。そして「校則が少ない学校」は特に高校でそうですが、偏差値が高いという傾向もあると思います。

でも逆に「いい子たちの集まりはがんじがらめでもスムーズに流れていく」というのは、今の勤務校で思います。生徒が先生に反論してこない。すごくおとなしい子たちなので、「校則にあるから、頑張ろう！　委員会でちゃんと校則を守るよう指導しよう！」となるのです。

内田　「まじめなところはがんじがらめにした方が回る」お話、めちゃくちゃ面白いです。もう一度整理させてほしいのですが、「荒れる学校ほど厳しくした方がいい」「そうすると落ち着く」ということは、山本さんいかがでしょうか。

山本　どれくらいの年代の先生から聞かれますか？

内田　整理していないくらい、山ほど聞きますね……極端な例だと「荒れるから厳しくするんだ。緩くしたらモヒカンくるで！　内田さんそれ責任負えるんですか！」という文脈です。

山本　なるほど。直接お会いしていないから断言はできませんが、生徒指導にもいろいろ流行がありました。２０００年代前半には「ゼロトレランス」がはやりました。「寛容性ゼロ」の画一指導です。子どもに一つ隙を与えると、どんどん隙が増える。初日に一つ許してしまうと、どんどん要求が増えて取り返しがつかなくなるといった理屈です。

なので、入学式後の最初の三日間などで徹底的にルールのしつけをするんだ、というのが流行していました。私は勤続二十数年ですが、私より年長の先輩方はそういうことをよくおっしゃっていました。

最初にぐっとしめこんでおく。徐々に指導基準を緩めていく。最初から「人間関係だ、信頼関係だ」と自由にしてしまうと、後で締めるのはできないんだ、と教わります。

私も、Mさん、こころさんに共感します。本当に子どもたちが聞き分けがよくて落ち着いている、保護者も「先生にたてつくなんてありえない」という地域だと、悪く言えば、教師がその体制に甘えてしまうようなところがあると思います。

ある意味、ほかに「言うことがない」「指導することがない」から、服装などの細かなところにどんどん生徒指導の余地を見つけていく方向に「エスカレート」していっちゃうんです。いちいち今を疑わない。今までやってきた指導基準でもって、さらにこう、増やしていく。

内田　なんで落ち着いているのにエスカレートしちゃうんでしょう。

「教師的にいい子」が自発的に校則を強化する

山本　一つは「指導の成果が見やすい」ということがあるのではないでしょうか。指導者はそうしたルールでもって指導する場面で指導力を示しやすいし、子どもたちの方も「行儀よくやってます」というのが示しやすい。保護者からの要望もあるでしょう。勤務校の中でも、「事細かに指導してくれて、統一感があって、あの先生は立派な先生だ」という方もたくさんいらっしゃいます。

内田　過去の「荒れ狂った学校」を厳しく管理することによって、見かけ上落ち着いたようにするために校則を厳しくした事実もあるのでしょうね。一方で、今の子供たちはもうちょっと違う、真面目なところはきつくても回っていくということがあるのでしょう。「まじめなところは、きついルールでも回っていく」ということは、私としまして大きな発見でした。

M 先ほどの、「大人しいからこそきつくても」の話です。生徒も自分たちでよりぴしっとし始めるんですね。新しいルールをつくってくるのです。

チャイムの「三分前着席」というルールがあったのですが、生徒が自分たちで、「三分前学習」に変えたんですね。この掛け声を廊下に張り紙にして出すんです。先生がそれを指示したわけではなく。「三分前」に生徒の委員会ができてるかチェックする。生徒が主体的にルールメイクしていくんです。校則まで明文化されてはいませんけれどね。「よくしていく」という意識からこういう状況も生まれます。「教師的にいい子」たちがそうする。

生徒の要求をのむことは「負け」

こころ 何か変なことについて、疑問を言い出さない子は多いかもしれませんね。加えて、年配の教員たちは「ルールを変えることが生徒に負ける」「自由を与える」ととらえる人が多い。

内田　生徒の要求をのみこんじゃったみたいな。

こころ　生徒総会で出た意見で校則は変えていきます。議論の内容にもよるとは思うのですが、「生徒が何でもかんでも言ったら通る」ということにしたくない人がいると思います。例えば複数の校則を変える議題が出たとして、「1つならいいけど5つ変えるのはだめだ」というような空気もあると思います。そして、先生は拒否権をもちつつ、最終的には「生徒が決めた」ということにはすると思いますね。

内田　もう少しお伺いしたいのですが、「生徒に自由を与えちゃいけない」という教師のメンタリティについて、いかがでしょうか。分からなくもないですが、僕なんかだと、大学生相手に自由を保障しないと、ハラスメント委員会に通報されちゃうこともあると思うので、怖くてできないんです。こうした考え方、感覚と比べると真逆の発想だな、と感じるのですね。

M　メンタリティとしては何となく分かります。それこそ「修学旅行で徹底的に疲れさせて悪さをさせないようにしよう」ということですね。夜の宿泊施設でフリータイムを長く与えると問題が起きるかもしれないから、午前中から徹底的に歩かせて、「眠らせる」ようにするんですよね。

内田　なんで修学旅行ってあんなみっちみちなスケジュールなのか、謎だったのですが、その原因の一つが（笑）。もちろん、いろいろ経験させてあげようということもあると思いますが。

M　「負け」とまでは思わないけれども、この修学旅行の話とか堂々と会議で出るような空気感はあります。もともとは法律がベースにあって、校則はそれにプラスして縛っているもの。なくしたところで、一般社会と同じルールになるだけなので、校則解除しても問題ないよなと思っています。報道とかがあるからかもしれませんけれども、校則などを変えることに対するハードルは、今は下がっているのかなと思います。

内田　トラブルをおさえこむために自由を与えないというメンタリティが、ずっとどこかにあるのということなのでしょうね。弱まってきているのかもしれませんが。

山本　「規則で付き合う」という意見自体は間違いでないと思います。教職員も民主的に自由な立場があるし、教職員としてみてこられた立場が違うのでしょうね。「一つ許すと大変なことになったんだ」という時代もあったと思います。

内田　そうですよね。無意味に指導が出てくるわけではないですよね。一方で、いま時代にどれくらいふさわしいのか考えないといけないとも思います。

山本さんは数年前から厳しいルールを弱められました。その結果はどうでしたか。

3. 校則なしに「目の前の生徒と向き合う」難しさと意義

校則を変えて揺れた「大人の心」

山本　今、私の学校では、「とにかく目の前の生徒と向き合いましょう」という形になっています。緩くした、という認識ではないです。いろんな先生がいろんな形で生徒に声かけしています。なので校則を変えたから荒れたという検証はまだ難しいところです。そもそも、学校が荒れているかどうかの基準すら人それぞれですから、あまり重要なものさしではないかもしれません。また学校教職員の世界では昔から「うちの学校の方がより荒れている（なので、より大変な学校で働けている私の方が立派だ）」という無意味な意地の張り合いがあったので、「荒れているかどうか」という評価自体をそもそももうすべきではない。「スクールウォーズ」の時代はとっくの昔にもう終わっていると言いたいです。

ただ、変えたとしても、何かが一気に変わることはありませんでした。生徒は自分たちなりの生活をしていますす。制服も選択制にしていますが、自分たちなりにマナーを守って過ごしています。

教師の方は一方で、身だしなみの変化などをきっかけに一個一個生徒と向き合っていく姿勢に変わりますから、ある外部の先生からは「先生が生徒指導の担当になってから、何でもありになったな」という旨のことも言われました。なので、「何かが荒れた、乱れた」と言うなら、「大人の気持ちが揺れている」。

私としては、校則を緩めた結果、より真剣に生徒のことを考えるようになったことが一番大切なことだと感じています。「生徒に向き合う」っていうのはこんなに大変なんだ。意見が違う人とは対立するけれども、そこでいきなりけんかにしてしまわずに、向き合っていく、そのプロセスを生徒も、教師も学んでいると思います。

内田　「何かが荒れたとしたら大人の気持ち」ということなのでしょうね。山本さんの改革は素敵な反面、この生徒指導の中で、しんどさもある気がしました。教師は長時間労働の背景もあります。山本さんのようなプロセスに突入してしまうと、ある意味大変になりますよね。少なくとも穏便に進んでいる学校で、緩くするのはどうお考えでしょうか。

校則を変えるための手順がない　コロナ禍での見直しも

M　こうした対応は一つ一つの指導は時間がかかるのだろうなと思います。「なくすときに保護者に聞いた」ということもあったとのことですが、うちではそういうことはありません。生徒総会の議題を端として変わるのですが、これは年に1回しかない。1年生のときに疑問をもっても、学年が上がってクラスが替わり、環境が変わると疑問に思ったことを意見しなくなったりします。今聞いていると、共通の理解を本来は図って、保護者等とも協力していくところをまず徹底しないといけないと感じました。

今の教育現場は今あるルールをつかって、生徒の行動をしばっていて、生徒はそれを是としている。でも、いつかはそうした校則を盾にした指導では無理がたたるのでは、そのときに校則そのものが機能しなくなるのでは、と思います。議論を始めておかないといけないなと思いました。

内田　物理的に山本さん、校則を緩めた場合、忙しくなるんですか？

山本　まぁ、大変なんですね。それは、良くも悪くも、先生方は意思表示する機会があまりなかったので、慣れてないということが主な原因かもしれません。職員会議は会議と言いながら、報告に終始しがちですよね。協議、対話、議論というプロセスがなかなか少なかった。

その上、昨今の学校現場はすべて文科省と教育委員会、そして首長の言いなりでいないといけない。現場の教職員一人ひとりの考えや想いよりも、文科省と教育委員会から何もかもをトップダウンで指示される時代です。そんな中、学校独自に民主的な手続きを広めていくことは本当大変だなと思います。「ジャンパーを着て登校してよいか」一つをとっても、喧々諤々とした議論になります。

「ジャンパーがいけないなんてそんなの理不尽な校則だ！」というのも分かるし、「防犯上ぱっと見てどこの生徒か分からないのは困る」などの意見も間違いではない。一つ一つの意見を尊重しながら合意形成をするということ、またどこかで決断をする、というところに最初は膨大な時間と勇気がいるなと思いますね。

内田　そうなると大きな課題ですよね。長時間労働との兼ね合いも含めて。意思表示することも話し合いすることも大事。でも、結果として保護者からの意見を無視することにもなりかねないですよね。

こころ　本校では、新型コロナウイルス感染症が流行してから、衛生的配慮から体操服通学になっています。すると「そもそも制服って必要?」という意見が生徒から出てきました。今まで疑問に思っていたことを口にする、コロナ禍が一つのきっかけになったのかもしれません。

一方で、学校は役所です。何かを変更する際にどう手順を踏むか。きっかけがないとなかなか山本さんの学校のようには動かないんだろうなと感じます。

山本さんの学校の取組が良い例として広がっていくと、真似しようか、ということにももしかしたらなるのでしょうね。

内田　手順がないというところですね。一年に一回の生徒総会ということ、声を上げようと思うと次年度、というのは民主的に変えていく手続きが整っていないんですね。民主的なプロセスが整っていないがゆえに、大事件でもない限り、もしくは、山本さんのようにかなりリーダーシップをとる人がいない限り、変わらないですね。変わらない構造が見えてきた気がします。ありがとうございます。

私から最後の質問です。先生が「意思表示をする」。「自分の意見を言う」。同じ職員室でもなく、こうして座談会に匿名で参加するという営みをどのように感じていらっしゃいますか。

教師が声を上げること

山本　結論から言うと、こうした意思表示を、日本の教職員は容易にできる環境にありません。一教職員としてパブリックな場に自由に意思表示することが制限されているように感じます。自分が感じていることや疑問に思っていることを、世の中や管理職などに何か言う、聞く機会がない。言うとただちに批判的な取り扱いを受けてしまう気がします。

自由が制限されているなと感じますね。現場の教職員の思いよりも、とにもかくにも文科省と教育委員会、そして首長がすべてトップダウンで指示命令をしてくる。管理職も現代の教育体制の中では、もはや教育者ではなく役所の課長と課長代理が学校に出張してきているような立場にしか私には見えません。それぐらい、管理職も現場の教職員も本来の子どもと向き合う、質の高い授業を提供するという本来の教育課程内の活動に専念することができていないのが、今の日本の教育現場の現実です。少なくとも私にはそう見えています。

そして圧倒的に時間がない、子供と向き合う時間が本当にないです。これは言い訳でも何でもありません。教育の本質を考えて、子どもや職分に向き合う時間がない。教師には、初任者研修に始まり、中堅研修や、ベテラン研修など、能力や意思に関係なくずっと同じ研修が続いていきます。まさしく、それこそ画一的な一斉研修が続くわけです。勤務している市町村の中でも、もちろん研修や出張があるのですが、ある週は毎日対面やオンラインで研修を受けており、実際授業以外で子どもと話す時間が全くないという一週間を過ごしていました。子どもの顔を見るより、教育委員会や関係機関のお偉いさんたちの顔をパソコンの画面で見る時間が長いという日を過ごしているとき、私はいったい何のために教師になったんだろうと心が折れそうになる瞬間があります。そうして、研修や出張が終わった18時頃から、ようやく自分の仕事や授業の準備を始めるのです。

M　日頃、他の先生と共有できないので、個人的には楽しい経験でした。公に何かしらの論争になるようなことを言うと、怖いな、と思っています。加えて、校則について疑問があるというとは学校の中で生徒には言えない。指導する立場なので。ほかの学校の例や先生のお考えをしっかり聞く機会をいただいてとても楽しかったです。

内田　何か大きな力ないと変えられないですね。なるほど、生徒の前では管理する立場ですし、きっかけが必要ですね。手続きもありません。

こころ　このように教師が声を出す場が必要だなと思いました。職場で話をすることはあるのでしょうけれども、「無難に生きていく」というスタンダードもあると思います。正直疑問を抱く場もないので、交流する場が楽しかったです。

内田　僕自身もお三方の話を聞いて、今までそれなりに現場の声を聞いていたと思ったのですが、「本を作る」という形で、外在的なきっかけでもってしっかり話を聞く時間をいただけて、新たな視点、発見がありました。ちゃんと時間をとって話し合う機会を先生方とつくっていくのが必要だな、と思いました。分かった気持ちになりかねません。

お役所的な意思決定システムに加えて、長時間労働などの教職員の環境の問題や地域社会とのつながりなど、一筋縄ではいかない複雑な問題であると再認識しました。一方で、すでに改革して、より快適な環境づくりを校則改革で進めている学校も出てきています。

子どもの人権の保護、安心して学校に通うことのできる環境づくりに向けて、校則と生徒指導の在り方について、教師の側の意見ももっと積極的に調査し、改革した事例の発信などを踏まえて、世論や地域社会と足並みをそろえて改善していきたいところです。

不人情の教育

元東京都世田谷区立桜丘中学校長　西郷孝彦

不遜ながら村上春樹が、この本を手に取ったらどんな顔をするのだろうと、ハルキストの私は思ってしまいます。きっと、「やれやれ」と言いながら、もう一つのビール缶に手を伸ばすのに違いありません。私たちが本当に知りたいのは、もっと深い、奥にある問題のはずでしょうと。

私もこのような校則に関する本を見ると、「やれやれ」と体の力が抜けるような気がして、滅多に手に取ることはありません。手に取ることがあっても、最後まで読み通す忍耐力もありません。関心がないというのではなく、もう十分に長かった教員生活の実体験として、校則を守らせることを優先するあまりの「不人情」、つまり子どもたちへの同情や考慮が欠如している教員を嫌というほど見てきたからです。

神戸市に住んでいるヒロトさんの例も、そんな「不人情」な教員がいる中学校へ通っていた事例の一つです。ヒロトさんは中学生になり不登校になりました。理由は自分でも分かりません。月曜日の朝、どうしても体が重くて起き上がれなくなり、そのうち学校へ行けなくなりました。学校へ行かなくてはという不安や母親から無理やり登校を強制されたことで、とうとう引きこもりのような状態にまでになってしまいました。

ある時、このままでは高校へも行けないと、意を決して学校へ行くことにしました。長い間引きこもりのような状況にあると、床屋へも行けず髪の毛は肩まで伸びてボサボサの状態です。ヒロトさんは学校から配られた生徒手帳にある「頭髪」の項目を注意深く読み、床屋さんにこの校則に違反しないような髪型にしてほしいと散髪を頼みました。

次の朝、何とか学校までたどり着くと、校門に立っている生活指導主任の先生に呼び止められました。「その髪型では、校内に入れることはできない」。青天の霹靂です。パニックになりそうでした。きちんと自分なりに身なりを整えた自分の髪型のどこが校則違反なのか、まったく見当もつきません。というより、何が何だか分からなくなりました。そのまま二度とヒロトさんは学校に足が向くことはありませんでした。

ヒロトさんの話を読んで、酷い話だと思った方が多いのではないでしょうか。また、自分自身が中学生の頃、程度の差こそあれ、このような理不尽な扱いをされた経験がある読者の方も大勢いるのではないでしょうか。でも、このような事例は、私立、公立を問わず、全国ほとんどの中学校で現在も行われていることで、決して一握りの「不人情」な教員による仕業ではありません。

令和3年に、文部科学省が行った「令和2年度 児童生徒の問題行動・不登校等生徒指導上の諸課題に関する調査結果について」では、小中学生の不登校は約20万人に増加しています。フリースクール等の代替教育機関に通う子どもを出席とカウントしている学校も多いので、実数はもっと多いと思われます。鳥取県の人口が55万人ですから、その半数近くの子どもたちが学校へ通えないという状況は異常です。さらに自殺した児童や生徒は初めて400人を超え、過去最多となりました。

文科省はコロナ禍の環境変化が大きな影響を与えていると分析していますが、果たして不登校や自殺の原因はそれだけでしょうか。前述したような、子どもの命や学習権を蔑ろにし、校則の徹底だけを最上位目標とするような学校の存在がある限り、たとえコロナ禍が過ぎても、不登校や自ら命を落とす子どもは増え続けるのではないでしょうか。子どもは、一人の人間としてその尊厳を尊重されるべきであり、学習権を保障されていることを全ての教員に再認識してほしいと思います。

小学校教師が考える　思考力を育てる校則指導

公立小学校教諭　五十公埜《いずみの》雅明

私は、校則問題については小学校も他人事ではないと感じています。服装等については、中学校や高校のような厳しい規則は少ないですが、持ち物などについては、特に理由を説明しないまま運用している「きまり」が多くあります。子どもの発達の段階によっては意図が伝わらないこともあり、きまりの理由をいつも、すべて説明することは難しいかも知れません。しかし原則として、きまりを設けている理由を、教師は説明し、子どもたちに理解させる必要があると、私は考えています。

さて、昨今の校則問題について、「合理的根拠」と「思考力」の二つの側面から考えたいと思います。つまり、教師が合理的根拠を明示せず、ただただ校則の遵守のみを求めているのではないかということ、それに伴い子どもたちの思考力が奪われているのではないかということです。

中学校や高校の入学説明会、我が子から聞く中学校や高校での日々の校則指導などでは、校則の具体的な中身と、「その校則を守りましょう」という内容は語られますが、なぜそのような校則を設けているのかについては、あまり触れられていない印象です。

ただ、我をふと振り返ると、小学校も同様に、まずは「学校のきまりありき」で、それは当然守るべきものとして指導していることに気付かされます。校則問題が子どもたちの不満として表に出ないため、問題が顕在化していないだけなのです。そして、校則問題というと小学校にとってはまるで対岸の火事のように感じられますが、実はその問題の種は小学校で蒔かれているのではないかと、私は考えているのです。

「シャーペンを学校に持ってきてはいけません。理由は、シャーペンを学校に持ってきてはいけないというきまりがあるからです」

私たちは小学校で、当たり前のようにこのような指導をします。しかしこれは、とてもおかしなことです。例えば、刑法で禁止されているから、窃盗をしてはいけないのではありません。窃盗をしてはいけない明確な根拠があるから、刑法で禁止されているはずです。話が逆なのです。筆圧等の理由で、発達の段階に応じて制限を加えることはあるでしょうが、シャーペンも同様に、きまりで禁止されているから持ってきてはいけないのではありません。持ってきてはいけない根拠があるから、きまりで禁止されたはずなのです。

しかし私たちは指導と称して、右記のような破綻した論理を大上段から振り下ろしてしまうことがままあります。小学校高学年ともなれば、この論理の破綻に気付く子が出てきます。実際、私の娘が六年生の時「学習に関係ないものを持ってきてはいけないというきまりがあるので、明日のバレンタインでは学校にチョコを持ってきてはいけません」という全校集会での教頭先生の話に、理由になっていないと憤慨しながら帰宅したことがあります。中学生や高校生になれば、そのように考える生徒の割合は更に高くなることでしょう。根拠の明確でないきまりの強要は、子どもの反発を招き、教師と子どもの信頼関係を壊す要因となります。きまりなり校則なりを設けるのであれば、教師はそれを設ける上での合理的な根拠を明確にしなければなりません。そしてこのことは、小学校の教師も考え始めなければならないことだと、私は思うのです。

多くの場合小学生は、シャーペン禁止と言われれば素直に聞きます。そのことで何か問題が発生することもあまりありません。ですから、そのことに危機感を持つ小学校の教師もあまりいません。しかし、禁止されている根拠を理解することなく、思考停止状態できまりに従ってしまっている小学校の現状は、子どもたちの成長を大いに阻害していると私は考えています。

禁止されている根拠を理解していると、他のことに応用が利きます。例えば「かっこいいデザインのシャーペンで授業中に遊んでしまうかもしれないからシャーペンは禁止」という根拠を教師から説明を受け、理解していたとします。その根拠を理解していると、シャーペン同様に授業中に遊んでしまいそうな文房具は持ってこない方が良さそうだ、と考えることができるでしょう。

しかし、単にきまりで禁止しているだけでは、このように応用を利かせる場面がそもそもありません。従って、やってよいのかダメなのかを、主体的に考えて判断する経験を積むことができないのです。それが、成長を阻害していると考える所以です。きまりを守らせるだけでは、子どもたちは何も考えず、何も判断せず、従って何も成長しません。ただただ無為に、きまりが守られている状態が維持されていくだけなのです。そしてそのことに、小学校の教師は満足してしまっているのです。

思考停止状態でのきまりの遵守に慣れてしまった子どもたちは、やがて中学校へと進学します。素直な子たちはそのまま思考停止状態で中学校でも校則を守り、反発心を持つようになった子たちは、校則の遵守を強要されることに訳も分からず反抗的な態度をとります。つまり、図らずも思考停止状態できまりを守る子どもたちを小学校で育ててしまった結果、中学校で思考力の育っていない従順な生徒と、思考力の育っていない反抗的な生徒として発現させてしまっているのです。合理的根拠についてしっかり考える経験を小学校で積ませることで、自主的に考え、適切に判断できるように育ててから中学校へ送り出せていたら、中学校での校則への対し方が、多少なりとも違うのではないかと、私は思うのです。

きまりと思考力の関係について、少し違う視点から述べたいと思います。ここまで、子どもの思考力育成のために、きまりや校則を設ける上での合理的根拠の理解が大切だ、ということを述べてきました。これをもう一つ進めて、次のような指導は如何でしょうか。つまり、問題が発生しないようによく考えて行動することを条件に、持ち物、服装、髪型等を少しずつ解禁してみる、というものです。解禁した場合、どのような問題が発生しそうか想起し、それが発生しないことを目標とする。それを条件として解禁してみる。もし失敗してしまったら、失敗の原因を考え、同様のことがないように努力する。どうしてもうまくいかない場合はもう一度禁止するが、再び解禁を目指して努力する。このような手法が様々な場面で行われるとしたら、思考停止状態でただきまりを守るよりは、成長の度合いは遙かに大きくなるのではないでしょうか。

例えば、シャーペンを解禁した場合、どのような問題が起きそうかをクラスで予想します。そして、その問題が起きないように努力することを条件に、シャーペンを解禁してみるのです。特に問題が発生しなければそのまま、もし、シャーペンで遊ぶなどの事例が増えて学習に支障を来すようになり、注意喚起にもかかわらずそれが改善されなければ、もう一度禁止します。そして、再度の解禁を目指して努力する、ということです。

学級、学年、学校などの集団で何を解禁し、何を規制すべきかについて教師対子ども、子ども対子どもで話し合う機会を設け、そして、自分たちの生活を自主的に律することができるようになったなら、他律的にきまりや校則でしばられている状態より、子どもたちはより社会的な側面で大きく成長することでしょう。思考力だけではなく、それを元に実践力も身についていきます。また、自分をうまく律するだけではなく、他者との関係において軋轢を生まないように、或いは他者と協力することで目標を達成できるように、という他者意識も身についていくことでしょう。子どもの不満を解消するために少しきまりや校則を緩めてみる、などという消極的な理由ではなく、子どもの思考力を育み、実践力を身につけさせるための方法として、敢えてきまりや校則を緩めてみるというのは、かなり有効な手法ではないかと私は思うのです。

ただし、それを進めていく上で必要な条件があります。それは、校内の全職員共通理解のもと、一致団結して取り組んでいく必要があるということです。禁止事項を少しずつなくしていこうという話ですから、一部の学級や学年のみが解禁したら、その学年や学級だけずるい、という声が当然あがります。どの項目についてどの程度解禁するかについては、学年や学級の実態や発達の段階に応じて異なる場合があっても、私は良いと思っています。しかし、そのような違いが発生するかも知れないということを全職員が知っておかなければなりませんし、違いが発生した場合は、子どもたちになぜそうなったかを説明する必要があるでしょうし、事前にそうなる可能性があることも説明しておくべきでしょう。そういうことが共通理解された上で、全校体制できまりや校則を見直すことができたなら、その学校の子どもたちはきっと、よく考え、正しく判断し、自律的に、しかし生き生きと、楽しく、学校生活を送ることができるのではないでしょうか。

第４章

高校教師からの令和の校則改革案

岐阜県高等学校教諭　斉藤ひでみ

私は、岐阜県公立高校の教員である。本章では、自身の現場経験や社会的活動をもとに、校則を国単位で抜本的に改善し、子どもと教師が「自分らしく」居続けられる学校を作るための方策について、5つの具体的提案を行う。

1　校則が原因で不登校になる子どもたち

私は制服への違和感が一つのきっかけで不登校になりました。自分でもその違和感は言葉で表せなくて、とても戸惑いましたが、そのうち制服を見るだけで気分が沈むようになりました。

先生からは「制服は着たほうがいい」と言われていましたが、どうしても着られず、次第に登校するのが億劫になっていきました。「別室なら構わないが、教室に入りたいのであれば制服を着てくれた方がいい」と遠回しに言われたり、「生徒会と話し合って」「スカートが履けない理由をみんなの前で説明できるか」と出来そうにないことを言われたりしました。

「女子用の制服が着られないならスラックスを履いてもいい」とも言われましたが、私はトランスジェンダーではありません。誤解されて気を使われるのは嫌でした。なぜ、そこまで制服を着なければならないのかが分かりませんでした。別の先生からは「高校入試や面接の時のために着られるようになったほうがよい」とも言われました。そのうち、制服について聞かれてもはぐらかすようになりました。

結局制服に対する違和感はうまく説明できないので、ただの自己主張やわがままに思われてしまうかもしれません。先生は受け入れるというよりは折れるような形で、ジャージで過ごしても構わないと言いますが、中2の途中から学習意欲も減り、授業についていけないので、教室にいるのは居心地が悪いです。私は学校も勉強も嫌いなわけではありませんでしたが、今はどちらも辛いです。

これは、ある女子中学生の書いた原稿である。

現在、分かっているだけで5572名の児童生徒が、学校の決まりが原因で不登校に陥っている（令和元年度「児童生徒の問題行動・不登校等生徒指導上の諸課題に関する調査結果」、文部科学省）。しかし、その数は学校側の回答として出てきたものであり、児童生徒本人に聞くと、数字はもっと増えると考える。

生徒はなぜ制服を着なければならないのか。教師はなぜ生徒に制服を着せたがるのか。仮に「高校入試のために着られるようになった方がよい」という「教育目的」だとして、それがもとで不登校になってしまえば高校入試も何もない。教育のための校則が、誰かの「教育を受ける権利」を根こそぎ剥奪しているような現実に、教師として頭を抱えざるを得ない。制服や校則が本当に生徒のためになっているのか、教師として考え直したい。それが、本章を貫く私の問題意識である。

かく言う私も、長らくこの問題に口を出すことを躊躇していた。そんなことを言おうものなら、学校内の半分の教師を敵に回し、教職を続けていくことが辛くなるだろうと思ったからである。身だしなみ指導を大事に思う教師は、「生徒のため」に、それが必要だと信じている。一方で、本書座談会の参加者など、少なくない教師は「生徒のため」に、身だしなみ指導は緩めた方が良いと思っている。「生徒のため」の争いは宗教対立のようなもので、容易に折り合うことができない。

だから、口を出さない方が楽だったのだ。

2　コロナ禍の学校の変化　制服が〝消えた〟日

(1) モノクロの教室を再考する

２０２０年に始まった新型コロナウイルスの感染拡大は、学校生活に多くの困難をもたらしたが、それとともに大切な気付きも与えてくれたと推察する。私にとっては、２０２０年３月から始まった全国一斉休校が解除となった6月、およそ３ヶ月ぶりに教室いっぱいの生徒と再会したときだ。またみんなと一緒に学びを深めていくことができると、胸が詰まった。元気に学校に集まれる、これがいかに有り難いことか、まずはこれだけで十分ではないかと思えた瞬間だった。

百年に一度とも言われるパンデミックの中、それぞれの価値観で不安と戦っており、衣服に付着したかもしれないウイルスを気にする生徒もいる。私の勤める岐阜県で県教育委員会から出されたのが、「学校再開ガイドライン」だった[i]。そこには次のような一文があった。

「登校時の制服に付着したウイルスを洗濯によって除去する場合、制服は多数回の洗濯には適さないことから、家庭での洗濯が比較的容易な服装（学校指定の体操服やトレーニングウェア等）での通学を可能とすること」

私の勤務校もこの規定に則り、通学時の服装は制服に限る必要はないとした。当時の校長から厳命されたことは、「生徒は皆不安な気持ちを抱えている。これまでの指導を改め、生徒に行動変容が見られた場合は決して頭ごなしに叱ることなく、まずは寄り添って話を聴くように」だった。不安な気持ちを抱えて登校できなくなる生徒が一人でもいるとしたら、学校はその子に対して学校が安全な場所であることを伝えていくべきではないか。

勤務校では身だしなみ指導も行わなくなった。生徒との再会初日、3ヶ月間放置して髪の毛が伸び放題の生徒が現れた。コロナ前であれば、「前髪は眉毛まで」など細かな規定に沿って指導をしていた。しかし、コロナが不安で床屋に行きたくないという生徒もいる。想像を巡らせばこそ、「髪の毛を整えてきなさい」という指導が、ある生徒にとっては負担になることがあるのだと、私たちは意識を変化させた。

そして教室の風景は一変した。それまでは白シャツに学ラン、ブレザーといった、言わばモノクロの教室だった。それが、制服を着てくる生徒は半数ほどで、もう半数はTシャツやパーカ、ジャージ、手持ちのズボンといった、色とりどりの教室となった。私はなぜだかその景色がとても心地よく感じた。皆が「自分で選んだ服装」をしてきたからだと思う。制服を着たい生徒は制服を着たらいい、制服以外を着たい生徒はそれでいい。お互いの選択に口を挟む必要はなく、誰一人として無理矢理何かの服装を強いられているわけではない。自分にとって過ごしやすい身なりだから、学びにも集中できる。教室の澱んだ空気が全て入れ替わるような、清々しい体験だった。

教師は、「なぜ登下校の際に制服を着ていないのか」「なぜ靴下に派手な柄が入っているのか」などと、注意する必要も無くなった。思えば、コロナ前は「これはダメ、それもダメ」と否定の声かけばかりをしていた。朝一番に身だしなみを指摘しようものなら、その日一日、その生徒との関係はギクシャクしてしまう。仮に渾身の授業をしても、その一件だけで生徒は教師に晴れない気持ちを抱えて過ごす。たかが靴下の色で、せっかくの学びのパフォーマンスが落ちてしまう。身だしなみに口出しをする必要がないとなると、生徒との関係もよりよいものになったように感じた。

(2) 「教師は服装自由」の非対称性

教師の服装の自由さに気が付いたのも、このときだ。生徒に対して靴下から髪の毛まで白黒の画一化を求める一方で、教師はどれだけ伸び伸びした服選びをしていたのだろうと思った。ある教師は毎日スーツを着ている。しかしある教師はジャージや、休みの日と同じ私服を着ている。同僚間で身だしなみ検査などは行わず、声をかけても、「今日のそのシャツ素敵ですね」という具合だった。おしゃれに気を使っていて、生徒から「先生かわいい」と言われたりする教師もいる。服装に関して、学校の主役は生徒ではなく教師たちだった。

教師も一度自分が制服を強制されたらどう思うかと考えてみてはいかがだろうか。例えば、靴下もシャツも白のみ、自分で選んだスーツを着てはならず、学校指定服を着なくてはならない。校外を歩いていても「あの学校の教師だ」と丸分かりの状態になる。価格も選べず、校章入りの特注品を特定業者から購入し、異動の際は勤務先に合わせて買い直さなければならない。生地が肌に合わなくても、首がきつくても、ホックを上まで留めないといけない。職員室に入る際はチェックを受け、規定違反は指導を受ける。おかしいのではと反論しても「服選びをする必要がなくて楽だろう」「服装の乱れは心の乱れ」「不祥事を減らすため」「職員の一体感を高めるため」などと言われ、変更を求める権利はない。そのうち反論する気も失せてしまう……。そんな学校生活を生徒に強いていていないだろうか。

「未熟な生徒たちに服装の自由を認めると、素行が荒れたり、成績が落ちる」と考える人がいるかもしれない。本当にそうだろうか。勤務校では服装規定が緩まってから8ヶ月ほど経ったとき、ある取材を受けた。

「高校の制服、コロナ禍で意識に変化の兆し」

県立羽島北高校は……コロナ対策として、家庭で洗濯しやすい服も選べるようにした。服の色は指定しない。……2月下旬に教室を訪ねると、トレーナーやパーカを重ね着する生徒が目立った。コロナ対策の換気で窓が開いており、防寒に役立っているという。……羽島北高では当初、生徒の服装や髪形まで派手になるのではと気をもんだという。だが「まったく杞憂だった」と生徒指導主事……は話す。部活動の前に着替えなくてすむ服を選ぶなど、実用性を重視する生徒は多い。「最近の生徒は学校の中と外、オンとオフを分けている。学校では、あんまりおしゃれをする感覚ではないようです」（朝日新聞岐阜県版、2021年3月7日）

実践してみると、心配していたほどでもなかったということが多々ある。仮に荒れも何も起きないとしたら、この方が良いのではないだろうか。

3 「令和の校則署名」の開始

しかしこの自由な雰囲気もコロナ後には元に戻ってしまうかもしれない。2021年1月、私は制服や校則のあり方を見直すためオンライン署名サイトChange.orgを通じて署名活動を始めることにした。

【令和の校則】制服を着ない自由はありますか……? 制服は強制力のない「標準服」にして行き過ぎた指導に苦しむ生徒を救いたい!

私は、現職教員です。コロナ禍の学校生活で、少しだけ改善されたことがあります。それは、制服・私服の選択制が取り入れられたことです。

制服は、ウィルスが付着しても手軽に洗濯することができません。それを気にする生徒もいるだろうと、配慮されたのです。選択制になった結果、約半数の生徒が制服で登校し、約半数の生徒が私服を組み合わせた格好で登校します。そのことで特段問題が起きることもなく、いつも通りの学校生活がそこにあるだけです。いや、前よりもほんの少し自由な雰囲気の、心地よい通学路があります。

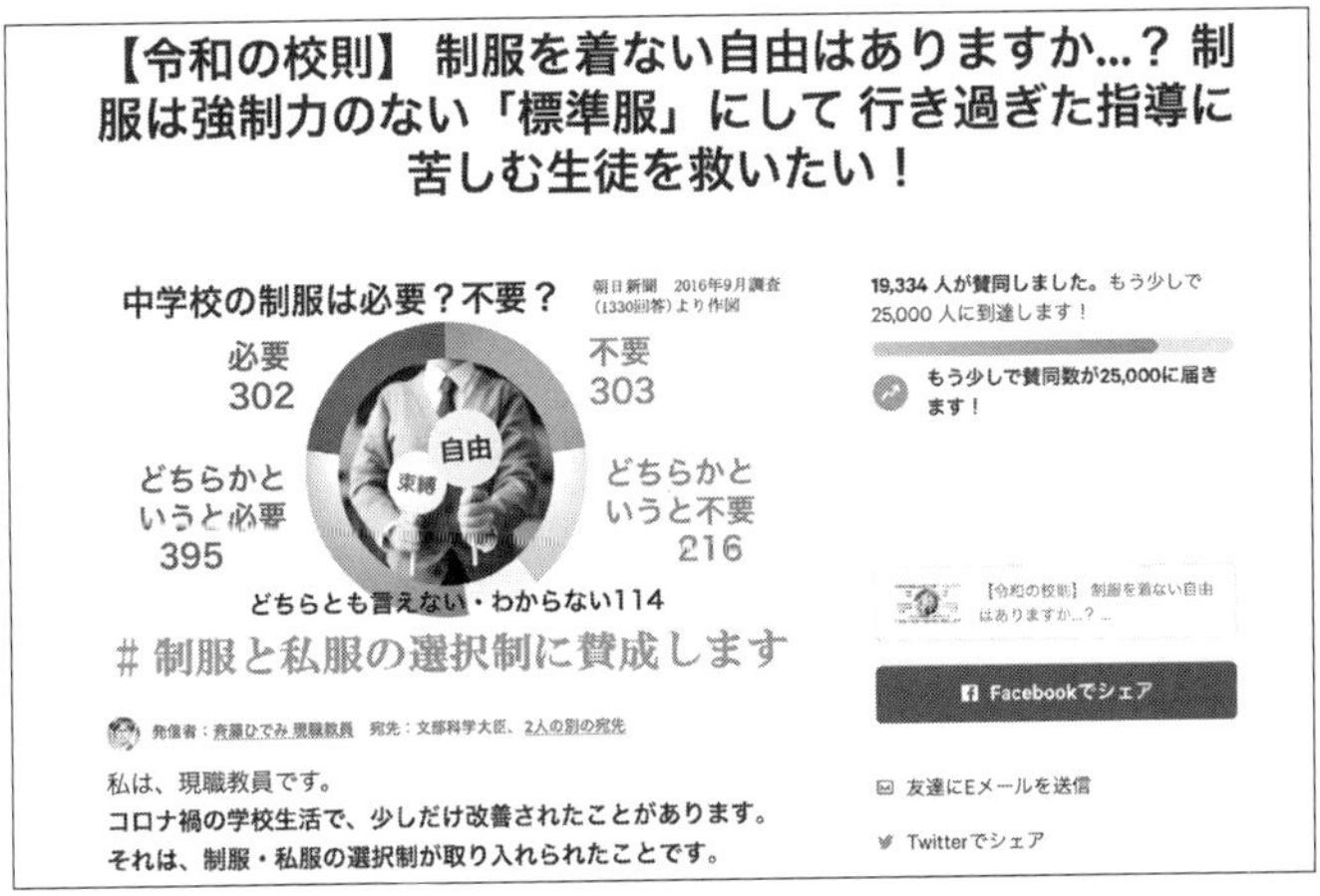

図１　オンライン署名のトップ画像

■平成時代までの制服議論は

制服の問題は、コロナ前から幾度も議論されてきました。トランスジェンダーの方が、心と違う服装を強制され傷ついている。知覚過敏で制服が着られず、わざわざ遠くの制服のない学校を選んだ。制服の方が経済的である。いや、私服の方が安い。転勤が多い家庭は引っ越すたびに制服を購入している。制服は校外でも学生であることが一目瞭然で良い。制服は痴漢に狙われやすい。スカートは寒い……。

朝日新聞が2016年に行った調査[ii]によると、中学生は制服か私服かどちらが望ましいのかについて、社会の意見はおよそ半々に分かれました。どちらかを強制するということは、半数の意見に蓋をすることになります。自由選択が認められれば、それで良いのではないでしょうか？

■制服と私服の選択制が行き過ぎた指導をなくす

マスクの色指定、下着の色指定、靴下指定、違反者には指導。学ランの下にカッターシャツを着ているか、学校指定の校章を購入して付けているか、違反者には指導。そんな細か過ぎる身だしなみ指導も、私服の選択肢が認められれば、ほとんど成立しなくなります。

服装が乱れると生徒指導が困難になると考える教員もいますが、授業妨害などの望ましくない「行動」について指導をすることと、服装などの「外見」を規制することは、本来次元の異なる話です。教員のみで決めた規則で、「ルールはルールだから」と、公共空間で認められるはずの自己決定権を制限することは、生徒と教員の無用な対立を生み、学校が一層「荒れる」ことにも繋がります。きちんとした身だしなみも教える必要があるならば、儀式的行事や進路指導の時期に、ＴＰＯに応じた服装を考えさせればいいのです。

■なぜこの署名を始めたか

私はかつて勤めた定時制高校で、画一的で行き過ぎた指導によって不登校になってしまった生徒たちと、数多く接してきました。校則によって傷つく生徒がいる、学びの機会を奪われるケースがあることは、公教育を担う者として悔しくて仕方がありません。私は、あの頃の生徒たちのために、この署名を始めます。

教員だっておかしいと思ってる！　そんな声が生徒にも届けばと願っています。

多様性を尊重する「令和の学校教育」に合った校則を、今こそ、皆さんと一緒に考えたいです。

（一部省略、原典は https://www.change.org/reiwanokousoku）

署名のトップ画像には、「＃制服と私服の選択制に賛成します」という文言を添えた（図1）。決して制服を否定しようというものではなく、「選択肢を増やそう」と訴えた。また「あなたは制服を着たいですか、着たくないですか」ではなく、「制服を着られない人にまで、あなたは制服の一律着用を求めますか」という問いとした。多様な価値観を認め合える社会をつくりたいという思いが根底にあったからだ。

署名には、東京大学教授の本田由紀さんら教育学者を始め、現役校長の住田昌治さんらの教育関係者、嶋﨑量さんらの弁護士、また東ちづるさん、乙武洋匡さん、たかまつななさんといった著名人、合わせて18名の方々が呼びかけ賛同人として名を連ねてくれた。

なお「標準服」の名称については、実用日本語表現辞典にこうある。

標準服とは、学校などの組織において、所属者が着用することが望ましいとされる服装。ただし制服とは異なり、常時着用の義務はなく、推奨されるに留まる。

自治体によっては、公立学校で定める衣服について、公式には「制服」を使わずに、「標準服」という名称を用いるところもある。

4 定時制高校から学んだこと

署名文に記した通り、私の初任校は定時制高校で、そこには校則がほとんどなかった。金髪、青髪、ピアス、私服、何でもありだった。そこは小中学校時代に不登校だった生徒が多く通う場所だったからだ。ただでさえ学校に足が向きにくい生徒に対して、少しでも負担を減らそうという配慮だった。「生徒たちの全人格を認める」ことが学校の常識となっていた。初任者の私に、当時の校長が話してくれたのは、「森のような学校」である。「森には沢山の生態系があって、様々な色、形、行動様式、それが共存している。それでよい、それがよい」ということだった。

(1) 見た目ではなく内面と向き合う

生徒はよく教師を試してきた。授業中わざとやる気のない振りをして、教師がどう反応するかを見ていた。仮に「規則だから」という理由で生徒を押さえつけると、二度とその教師には心を開かない。説明のつかない校則などは何の役にも立たなかった。教師が見た目で判断せずに一人一人の内面と向き合い続ければ、半年、一年、二年をかけて生徒は教師の言葉に耳を傾けるようになる。

生徒と粘り強く向き合う一方で、絶対に許さなかったこともある。他の生徒や教師を傷つける言動は絶対に許さなかった。不登校の引き金を引いてしまいやすい生徒が多い中で、学校内が安心して過ごせる場所であることは唯一にして絶対の条件、全員が守らなければならないルールだった。

他者を傷付ける言動は許さないという裏にあるのは、他者を傷付けない表現の自由は保障されるということである。式典時はＴＰＯを考えるために制服もしくはスーツを着用するという規定があったが、普段の生活は制服でも私服でもよかった。つまり、定めるのはあくまで「標準服」であり、購入も着用も義務付けられていなかった、ということである。

私服を可能にしたら「貧富の差が鮮明になり、見た目に起因するいじめに繋がる」という意見も聞く。その学校に関する回答になるが、経済的に厳しい家庭の生徒も数多く通っていたが、服装に起因するいじめを見聞きしたことは一度もなかった。

私は「見た目をそろえた同質性の高い集団でこそ、細かな差異をきっかけにいじめは起きやすい」とも感じている。「一人一人の個性が認められる集団の方がいじめは少ない」とも言えるのではなかろうか。いずれにせよ、そうした調査はまだないが、私服の学校でいじめが多い、制服の学校でいじめが少ないといったエビデンスは得られないだろうと感じる。

(2) 学校で一番大切にすべきものは何か

その定時制高校でもあるとき異動してきた、新任校長が「ピアスを不可にしよう」と提案したことがあった。

ここで改めて、教師たちの侃侃諤諤の議論が始まり、教育相談担当の教師が「それはリスクがある」と切り出したことを付言したい。「ピアスを開けることで気分を晴らして、リストカットを防いでいる生徒もいるかもしれない。ピアスを禁止することで、リストカットをする子が一人でも増えたらどう思われますか」

ピアスとリストカットの相関関係は明確なものではない。しかし禁止しなくてもよいことを禁止することで、先の教師の服装規定導入の話と同じで、生徒のストレスが増えることは、確かではないだろうか。あれはダメ、これもダメと言って、生徒が一見大人しく従っているように見えても、その裏で不登校が増えているかもしれない。自分の身体を傷付ける子が増えるかもしれない。本来認められるはずの自由を制限することは、その代わりに何か大きな代償を払っていると考えた方がいい。結局、ピアス不可の提案は立ち消えとなった。

そんな風に、定時制高校に勤めた3年間は、生徒の自由や権利、心身の健康、学校は何を一番大切にすべきかということを考え続けた時間だった。つまりは、皆が安心安全に学校に集まれることが最優先で、それがなければ学びも何も始まらないということだ。しかしそんな私も、全日制高校に移ったときに、「全日制とはこういうところか」と、新しい学校の細かな校則を無批判に受け入れてしまったところがある。その反省の意味を込めた、「令和の校則署名」であった。

5 「制服高い……」繰り広げられる校則論議

(1) 「経済格差への配慮」と言いながら、「10万円の初期投資」

署名開始の前後、本書の共著者である名古屋大学准教授の内田良氏らと不定期で開催しているオンラインイベントで、校則の問題を繰り返し扱った。その中で、千葉工業大学の福嶋尚子さんが、制服を含めた「学校指定品」が高すぎるのではないかと問題提起を行った[iii]。

制服の価格は学校によってばらつきがあるものの、一例として埼玉県のある中学校では、制服と指定のワイシャツ、冬用のニットベストを合わせて、約5万円になるという[iv]。洗い替え用のシャツも必要になるから、夏用と冬用それぞれ2枚ずつ買い足したら、さらに1万円がかかり、「制服代」は合計約6万円と考えてよいだろう。

しかし実際はそれだけでなく、制服以外にも学校から指定される様々な学用品が存在する。同じ中学校だと、上履き、体育館シューズ、通学シューズ、体育着、ジャージ、カバン、サブバックの指定品があり、一式購入すると3万円以上がかかる。制服とその他の指定品を合わせた「学校指定品」は、約9万円と試算できる。

多くの学校で入学式に見られる光景だが、新入生たちはブカブカの制服を着用している。買い替えは困難だから、成長することを見越して大きめのサイズを買うわけだ。3年生になる頃には、丈の短くなった制服を着ている生徒もいる。入学式と卒業式で体は全然違うのに、制服だけは3年間変わらない。オンラインイベントでは、これまで人知れず苦しんでいたのだろう、制服の費用等に関する不満の声が保護者から殺到した。

●オンライン署名やオンラインイベントに寄せられた意見

1　私自身、学生服が肌に合わずに苦しんだ過去があります。ズボンの裏地で痒くなったり、汗がくっついたりと、とにかく不快で勉学どころではありませんでした。極めて非合理的です。着たい人は着ればいい、着たくない人は着なくていいというルールを、これからの子どもたちの為にも全国で徹底して欲しいです。

2　小学校まで私服だったのに、中高になった途端急に制服を着させられる理由が分かりません。皆同じにしようとするから、少しの違いが気になるのです。服も髪も、自己責任で自由にしたらいいです。また「制服を着ている女子」というだけで、性的な目を向けられる現実があります。子どもの所属を不特定多数に知らしめるのも危険です。痴漢対策を言うのなら、制服の一律強制をやめた方が、効果があるのではないでしょうか。

3　1人でも制服が嫌だ、着たくないという意見があれば、それは尊重するべきだと思います。でも制服に憧れて入学した人もいることを考えると、選択制にするのが一番いいのではないでしょうか。

4　現職教員です。中高問わずに制服は自由選択制にしてください。服装指導は本当に時間の無駄です。その時間をもっと有意義に使いたいです。

5　制服と私服の自由選択制に賛成です。「私服だと経済的な負担が」という声も聞きますが、そういう人は制服を選べば済む話です。ＬＧＢＴＱ＋に配慮したジェンダーレス制服は既にありますが、そのもう一歩先にあるのが制服と私服の自由選択制であり、近い将来には当たり前になると強く信じています。

6　服装は本来は自己決定で良いものと思います。公立学校は偶然住んでいる地域の学校に行くことになるので、会社の制服とは意味合いが違うと思います。学校を選ぶ余地がほとんどない現状、服装は個人の自由として選択させることが必要だと思います。制服を着たいという自由意志は保障すべきですが、大人による管理の都合で制服を強制すべきではありません。

7　標準服やその替え、上履き、体操着など、指定のものを揃えるだけで10万円程度かかります。その他にも部活動の揃いのTシャツやジャージ、トレーナー。それらが本当に必要なら公費で負担してほしい。揃いである必要がないのなら、指定しないでほしい。そもそも標準服は強制できないものだから私服可能にしてほしいし、体育時も「運動できる服」という指定だけでよいのでは。習い事で使っている運動着、部活のお揃いの運動着、体育時のお揃いの運動着……。兄弟がいればその分も必要で、我が家は運動着だらけです。本当にお揃いである必要、ありますか？

8　子どもが不登校です。制服は1回しか袖を通してません。その他の学用品も含め入学時に10万円かかりました。全て、ほとんど使用しないままです。まず学校そのものに対する拒否感がすごいので、制服や学校指定ジャージを着ることが登校の大きなハードルとなっています。値段は、確実に高すぎます。指定の上履きを含め、市販品の方が安く買えます。小学校で着用していた私服の着用機会が激減するのも無駄に感じています。

9　制服よりiPad。

制服の経済的負担について、SNSに「制服はリユース（中古品）を購入することもできる」という意見が寄せられた。それに対し、「周りが新品の制服の中、私は中古を着るのが辛かった」という声も寄せられた。「制服だと貧富の差が目立たないと言うが、皆が同じ服だからこそ、一人だけ傷んだ生地が目立つ」「貧困家庭への配慮を装いつつ皆が高価な制服を買わされるのは矛盾」、現役教師から「擦り切れてほつれた裾で、学校としては注意をしないといけなかったが、生地が痛みすぎて修復が難しく、何も声をかけられなかった」という体験談も寄せられた。

(2) 容易に折り合えない議論

私たちがイベントを開くたびに、様々な観点からの制服論議が交わされた。例えば、制服を着させることのメリットは何か。「学校外でもどこの生徒か見分けがつく」「服装選びが楽」「外部からの不審者が見分けられる」。それに対して、「学校外で見分けられる必要ないのでは」「私服を制服化したらよいのでは」「不審者対応なら学生証ぶら下げるくらいでよいのでは」、などと議論が続いた。「長野県の公立高校は半数が私服」とか、「制服と私服の選択制だと、制服を着たい人の満足は得られる。制服を着たくない人にまで無理やり着させたがるのはなぜ？」という意見も見られた。

とりわけ私が考えさせられたのは、中学校教師から届いた次のようなメッセージだ。「私が担任として受け持っている生徒に、制服を着ずに体操服でいようとする子がいます。私の気持ちとしてはそれで構わないと思うのですが、学校としては許されないというので、泣く泣く指導をしています。私はその生徒に対して、『嫌かもしれないけどルールは守らないといけない』と指導し続けなければならないのでしょうか」。教師の中にも、苦しむ人が少なくないと知った。

6　署名提出で高校生が訴えたこと

2021年3月、開始から2ヶ月で集まった18888筆の署名を携えて、文部科学省を訪れた。署名を受け取ってくれたのは、文科大臣政務官の鰐淵洋子さんである。生意気にも、署名表紙には「文科省も『理不尽校則』解決にコミット下さい！」と朱書きしていた。制服に限らず、校則問題全般を抜本的に改善してもらえるよう、署名と合わせて次の要望事項を提出した。

【文科省への要望事項】

① 制服を着たくない・着られない生徒がいる中で、学校に制服を強制する権限があるのかどうか、つまり日本国憲法や教育基本法に照らして考えたときに学校において定められるのは強制力のない「標

準服」までなのではないか、見解を表明してください。[v]

② 服装や身だしなみ指導、そのほか校則に関する規定や罰則がどうなっているのか、全国的に調査してください。

③ 学校の校則や決まりをホームページで公開するとともに、全ての児童生徒や保護者がそれについて意見できる体制をつくるべきことについて、見解を表明してください。

④ 人権侵害、人格否定、心身の健康を害する校則や決まりは即刻廃止すべきであると、教育委員会に通知してください。

⑤ 公共空間である公立学校において校則はどうあるべきか、校則の成立要件や学校長の権限、校則の改正プロセス、どういった校則は許されてどういった校則は許されないのかという、全国の学校が準ずるべき校則の原理原則をガイドライン等に定めてください。

署名提出には、呼びかけ賛同人として連名してくれた内田良さんや日本若者協議会代表理事の室橋祐貴さん、また署名に賛同してくれた現役女子高生らが同行してくれた。提出後の会見で、高校生は次のように語った。[vi]

私はこれまで生徒会長として、自分の学校の制服や校則改善に取り組んできました。きっかけとなったのは、高校1年生のときに8か月間アメリカ留学をしたことでした。通っていた学校には制服がなく、一応服装に関する規定はあったのですが、透明な服装は禁止、下着を露出してはならないというような最低限のルールでした。自由な服装だからといって学校が乱れることはなく、アメリカの友人からは「日本はどうしてそんなに校則を厳しくする必要があるの」と言われました。髪も染めてよかったですし、皆が違うということを理解し尊重し合えていたと思います。

帰国してから、細かすぎる校則や皆同じであるということを求められる学校教育のあり方について疑問をもちました。それはそんなに重要なことなのか、それよりももっと多様性を認めて生きやすい社会になった方がよいのでは、と考えるようになりました。学習に関係ない校則で生徒指導に時間が割かれてしまうと、本来先生と生徒が向き合うべき大切な目標を見失うと思います。違和感を感じたら自分で変えていくべきだと思い、帰国後に生徒会長に立候補しました。

私は今後もマイノリティの問題を考えていきたいと思います。なぜなら、誰もが少数派になり得るからです。私も日本にいれば普通の高校生ですが、アメリカでは少数派になる経験をしました。人の住む場所、人種、属性などによって差別を受けたり不利益を被ったりする、そんな世の中を変えていきたいです。社会は今、様々なバックグラウンドを持った方に対して、理解が深まっています。それに対して校則は遅れをとっており、社会のルール以上に厳しく不要なルールが残されています。未来の日本を担っていく若者を育成する教育現場で、校則に関する議論がもっとなされるべきではないでしょうか。

7 動き出す「校則改革」

校則に関する裁判の報道などから世論の関心の高まりもあり、署名提出の約2ヶ月後、国が動いた。2021年6月8日、全国的に校則見直しを促す通知が発出された[vii]（以下、この通知を「校則改善通知」と表記する）。

通知では、新たに踏み込んだ見解が示された訳ではない。あくまで現時点の校則の位置付けを確認し、全国の校則改革の先進事例を紹介したものだった。しかし程なくして、校則を含めた生徒指導全般に関する基本書である「生徒指導提要」の年度内改訂も示されたものだから、文科省が校則問題解決へ向かおうとする意志は伝わった。この通知の内容や問題点は後述する。

一方、制服が強制でないことを明らかにして欲しいという要望についてはゼロ回答だったため、次の行動に移った。それは、校則改革に前向きな自治体に署名を提出するということだった。その提出先として定めたのが、私自身が勤める岐阜県の県教育委員会であった。

岐阜県は、数年前から校則改革に取り組んでいる。発端は、弁護士を中心とする市民団体が県内の全公立高校の校則を取り寄せ、改善を県教育委員会に働きかけたことである。その結果、岐阜県は2019年度中に、下着の色指定・外泊や旅行に許可を要するという項目の削除や、公立高校の校則のホームページ公開等を決定した。また2021年5月には、校則の改正プロセスを明文化するよう通知を全高校に発出した。この流れの延長に制服の問題もあると考える私は、署名と要望書を岐阜県教育委員会に提出することにした。

自身の勤める自治体の教育委員会に、一教員の立場でそんなことをしてよいものかと逡巡したが、そこは考えようである。私自身も岐阜県に住む県民である。教員の立場ではなく、県民の立場で行動すればよいと思い改めた。私はそれまでに、県の教育について市民同士で考える「学校教育を語り合う教員と市民の会」を立ち上げ、活動をしていた。その代表の立場で要請行動を行うことにした。２０２１年7月、それまでの活動で出会った、制服に悩む県内の女子中学生と、地元のＮＰＯ法人理事長と共に、県教育委員会を訪れた。その懇談の場で中学生が話したのが、冒頭に紹介した原稿である。

私から要望したことは、制服は強制力のない「標準服」であることを認め、各学校や行政文書の記載を改めてもらいたいということだった。出席していた教育次長は「事情はよく分かりました」と述べた上で、即座に「制服の着用は義務的ではあるが、１００％の義務とは言えない」との見解を示した[viii]。その踏み込んだ発言に、私もその場にいた記者たちも驚いた。

8　制服は法律上の義務がないのに

一方で、こうした位置付けは岐阜県のみで示された画期的判断というものではない。例えば、東京都世田谷区教育委員会は、議会質疑で次のように回答している。

上川あや（世田谷区議）――基本的なところからお伺いいたします。区教委が制服という呼称を好まずに、公式には標準服と呼ぶ理由は何でしょうか。私は、これを制服という呼称では強制性を帯びるので適切ではなく、単に着用を推奨するものという建前から標準服という呼称を用いていると理解をしていますが、いかがでしょうか。

青木（世田谷区教委教育指導課長）――委員お話しのとおり、標準服につきましては、生徒が着用する義務を負うのではなく、望ましいと推奨された服装であると認識しております。
上川――望ましい服装であり、生徒が着用の義務を負わないということです。大変重要なポイントです。

（世田谷区議会予算特別委員会議事録2019年3月19日）

岐阜県の言う「制服の着用は義務的ではあるが、100%の義務とはいえない」というのは、世田谷区教育委員会の言う「着用する義務を負うのではなく、望ましいと推奨された服装である」ということと同義であろう。

とりわけ公立中学校においては、制服・標準服は着用も購入も義務づけられないということが、数十年前の判決で示されている。制服や標準服をめぐる校則裁判は、過去2回行われた。

一つ目は、京都標準服事件（京都地判昭61・7・10）である。この裁判では標準服着用の義務が争われたが、判決では次のようなことが示された。「標準服着用義務は、その義務自体が直接に強制されるような義務ではない」。二つ目は、千葉制服事件（千葉地判平1・3・13、東京高判平1・7・19、最判平3・9・3）である。こちらは制服の購入義務が争われたが、判決では次のようなことが示された。「校長から購入を強いられたとか、校長がAの制服着用をXに強制したものとはいえない」「仮に制服を着用しない生徒があっても、これを着用することが望ましい旨指導することはあるが、制裁的な処置をとることはなされていない[ix]」。

憲法学者や法律専門家の見解も引用したい。制服や頭髪の規定について、2019年に新聞紙上で行われた、憲法学者の木村草太さんと教育研究家の妹尾昌俊さんの対談で、次のようなことが語られている[x]。木村さんは過去に争われた頭髪に関する「丸刈り訴訟」について、学校側が勝訴した背景を分析しつつ、頭髪・制服については学校の「お勧めファッション」であると表現した。

木村――丸刈りにしなかったからといって、無理やり髪をそるとか、罰金を取るということは起きていない。そこで裁判所は「まあ、いいんじゃない」ということを判決で言っている。丸刈りはあくまで学校の「お勧めファッション」であって、違反者が出ても制裁は課していないということでした。ただし、制裁を課した場合に適法だとも言っていないので、もし髪を伸ばした、あるいは染めたという程度のことで停学や退学処分が行われたら、裁判所はかなり厳しい判断をするだろうと予想できます。

妹尾――なるほど、校則の規定は「お勧めファッション」にすぎない、という考え方はすごくいいです。強制ではなく「推奨しているだけ」ということですね。

（中略）

木村――「制服を着なさい」というのはお勧めレベルなので、たぶん停学や退学にはできない。要は「誰の権利も侵害していないし、法律にも違反しない」というランクです。これは処分対象にはできないでしょう。

妹尾――そういう意味では、よく校則違反をする生徒が「いや、これは誰にも迷惑をかけていないし」と言うのは、結構本質を突いている話ですね。

また、子どもの権利に詳しい弁護士の山下敏雅さんは、著書の中で、公立中学生からの質問に答えるという設定で、次のように述べている。[xi]

「自由に服を着られるのがあたりまえで、逆に、自由に服が着られないのが例外的なことです。……例外として、服装の自由を奪うなら、しっかりとしたルールが必要です。そして、そのルールを作るときに、服装の自由を奪う「よっぽどの理由」があるのかを、きちんと議論しなければいけません。刑務所に入っている人は、服装に自由がありません。それは、法律というしっかりしたルールで、きちんと決められています。……警察官、消防隊員、海上保安官、税関職員、入管職員、自衛官などの公務員や、鉄道や警備の会社の社員も、法律というしっかりしたルールで、制服を着ることが決められています。……しかし、学校の生徒の制服は、法律がありません。日本は、子どもの権利条約という世界との約束で、「子どもの表現の自由を制限するときは、きちんと法律を作らないといけない」と確認しています。制服については、その法律がないのです。法律がないのは、服装の自由を制限しなければいけない「よっぽどの理由」じたいが、ないからです。制服のルールは、それぞれの学校が決めています。学校は、みんなが安心・安全な学校生活を送るためのルール、いわゆる「校則」を作ることができます。でも、学校は、何でも好き勝手に校則を作れるわけではありません。

憲法がとてもだいじにし、法律でも奪っていない生徒の服装の自由を、学校生活のためという名目で学校が簡単に奪ってしまうことは、許されません」

以上の通り、憲法学者や法律専門家からは、学校側に服装の強制を行う権限がないことが述べられている。それは単に法的根拠がないということに尽きるし、憲法や法律に則った学校運営がなされることは当然である。岐阜県教育委員会や世田谷区教育委員会は、このような司法や専門家の見解をもとに回答を行ったものと考えられる。

要するに、私が署名で求めた「学校で制服を着ない自由」は、特に公立学校に関しては、「誰もが有している」と言えるだろう。

9 「学校制服」を改めるべきだ

さて、制服・標準服の論点を整理しつつ、今後の改善策を提案したい。

公立学校において、制服の購入義務・着用義務を課すことはできないと解される。強制力を行使するための法的根拠がないからである。せいぜい出来るのは、「標準服」として学校の「お勧めファッション」を皆で決めるということだろう。また制服・標準服はあくまでお勧めの例示であることから、仮にそこから外れたからと言って、声掛け程度の指導はあり得るにせよ、懲戒は課すべきではない。

制服・標準服の経済的負担も考慮すべきである。「制服は貧富の差を隠すため」という主張が散見されるが、弱者救済を装いつつ制服自体が高価な贅沢品であるという矛盾が生じている。高価ゆえに買い替えられず、しばしば体に合わないサイズを着続けないといけない。また一着しか購入できず、それを毎日着続けなくてはならない「不潔」という側面もコロナ禍が露わにした。

学校から強制されないことと、経済的負担解消の両面から考えるに、学校で標準服を設けるとしても、ジャケット・スラックス・スカート等を黒・グレー・紺といったいくつかの色指定のみにして、量販店でもどこでも購入可能にしたらどうだろうか。大人でスーツ着用が求められる場面であっても、どこの店で、どのような生地の、どのような価格帯のものを選ぶかはそれぞれに委ねられるように、生徒も一定のドレスコードに止めるということである。これであれば、なるべく安価なジャケットを購入して成長に合わせて買い換えたり、購入したものを卒業後も使い続けたりすることができる。また標準服は日常的に着用を義務付けられるものではなく、式典時などに限って指定されるべきだろう。それにしても、どうしても着られない場合に式典への出席が拒否されるということがあってはならない。「教育目的」よりも「教育を受ける権利」の方が勝るからである。

近年、「男性用・女性用」の表記を外し、「Aタイプ・Bタイプ」などの呼称に変え、どちらも選択可能にするという「ジェンダーレス制服」が広がっている。しかしLGBTQ+配慮の観点からは、解決と言うには遠いだろう。心が女性の男子生徒はスカートを容易に選択できないし、心が男性の女子生徒もスラックスを選択することがカミングアウトに繋がるのではないかと、躊躇してしまう現実がある。「自分が当事者でなければ、寒いからなどの理由でスラックスを選択できるだろうけど、当事者であればこそ、万が一バレたらと思って選ぶことはできない」という当事者の話も聞いた。トランスジェンダー配慮を言うのであれば、男性的な服装と女性的な服装のどちらでも選べるという状態ではなく、制服デザインを男女統一のものとするか、もっと雑多な広範囲の選択肢を認めて性差を感じさせない集団となることこそ必要だろう。

生徒は何のために制服を着るのか。それは本人が着たいから着るものではなく、紛れもなく、学校から着させられてきたものであった。何らかの理由でどうしても着られない場合には、学校に申し出て特別に「異装」を許されなければならなかった。それは誰かに規定され、誰かに限定された生き方である。しかし本来は公共空間でどのような服装をしようが、他者の人権を侵害しない限りは自由であり、それは自己決定権という誰もが持つ権利である。「他者の権利を侵さない限り自由」というのは、民主主義社会の基本原則だ。その価値を学ぶためにも、制服を着るか着ないかは自分が決める、TPOに応じた身だしなみを考える、学校側はそれをフォローするという体制に転換されるべきである。

最後に、現場で根強い「服装の自由を認めたら生徒の素行が悪くなり学校が荒れる」という意見について触れておきたい。この意見は、1980年代の校内暴力時代を知るベテラン教師に根強い考え方のように思われる。私は、校内暴力時代に細かい身だしなみ指導を繰り返したことで、生徒が教師の言うことに従うようになったという「成功体験」を事実無根と否定するつもりはない。生徒と教師のどちらが権力者なのかをはっきりと示し、従わないものに懲戒を課すことで、生徒が内心どう思っていようが、形の上では教師の言うことに従うようになると考えられるからである（同様の効果をもたらすためには、「教師には敬語を使うこと」という規定でも何でもよかっただろう）。

校内暴力時代、学校は有事の緊急対応として身だしなみ指導の強化を行ったのだろう。しかし、そもそも公立学校に服装強制の権限はないことから、「本当は禁じ手であった」という認識こそ必要ではないだろうか。そして、仮に細かな身だしなみ指導で昭和時代の生徒の荒れが治まったとしても、令和時代に身だしなみ規定を緩めると生徒が荒れるという根拠にはならないのである。

まとめ　令和の校則見直し提案

制服・標準服の問題に限らず、校則見直しについての議論はまだまだ続くだろう。

２０２１年７月、一般社団法人の日本若者協議会は「校則見直しガイドライン作成検討会議」を設置した。国に先駆けて全国一律の校則見直し基準を作り、文科省に提案しようという市井からの試みであった。委員には日本大学教授の末冨芳さん、弁護士の後藤富和さん、東京都世田谷区立桜丘中学校元校長の西郷孝彦さん、現役の高校生らがいて、私も参加している。以下、検討会議での議論を参考にしつつ、前述の「校則改善通知（２０２１年６月８日）」に記された内容とその問題点、それを今後どのように改めればよいかについて私案を述べたい。

まず、校則改善通知の別添資料では、２０１０年３月作成の「生徒指導提要」をもとに、校則とは何かについて次のようにまとめている。特に重要だと思われる点を抜粋する（アルファベットは筆者による追記）。

Ａ「校則について定める法令の規定は特にないが、判例では、学校が教育目的を達成するために必要かつ合理的範囲内において校則を制定し、児童生徒の行動などに一定の制限を課することができ、校則を制定する権限は、学校運営の責任者である校長にあるとされている」。「判例によると、社会通念上合理的と認められる範囲で、校長は、校則などにより児童生徒を規律する包括的な権能を持つと解されており、校則の内容については、学校の専門的、技術的な判断が尊重され、幅広い裁量が認められるとされている」。

Ｂ「校則は、入学時までなどに、あらかじめ児童生徒・保護者に周知しておく必要がある。その際には、校則に反する行為があった場合に、どのような対応を行うのか、その基準と併せて周知することも重要」。

Ｃ校則の例

ａ：通学、欠席や早退等の手続き、欠席・欠課の扱い、考査に関するもの（登下校の時間、自転車・オートバイの使用等）

ｂ：校内外の生活に関するもの（授業時間、給食、環境美化、あいさつ、交通安全、校外での遊び、アルバイト等）

ｃ：服装、髪型、所持品に関するもの（制服や体操着の着用、パーマ・脱色、化粧、不要物、金銭等）

Ａは「校則の性質」に関する記述である。校則は法的根拠を有さないが、判例からは、校長に校則を制定する権限が認められるということである。一方でそこには「教育目的を達成するために」「社会通念上合理的と認められる範囲で」という条件が付されている。Bは「校則の運用」に関する記述、Cは「校則の例」である。

さて、これら「校則の現在地」に内在する問題と、それをどう改めればよいのかについて、5つの提案を述べる。

（提案Ⅰ）校則の仕分け

まず、C「校則の例」であるが、あまりにも内容が多岐に渡る。その中には、本来「学校規則」として校長の権限で定めるべきものと、服装等「お勧めファッション」として推奨程度に留めるべきもの、「単なる社会マナー」「私生活に関わる部分」として本来校則に定めるべきでないものが混在している。校則を見直すにあたっては、まず広範囲にわたる校則の仕分けを行う必要がある。

例えば、次の①〜④のように分類してはいかがだろう。

【校則の仕分け】

① 「学校規則」（＝校長の権限）：aの通学、欠席や早退等の手続き、欠席・欠課の扱い、考査に関するもの、登下校の時間、自転車・オートバイの使用、bの授業時間、環境美化、交通安全

② 「推奨程度のもの」（＝生徒と話し合って決める）：cの制服や体操着の着用、パーマ・脱色、化粧、不要物、金銭

③「単なる社会マナー」（＝校則から外す）：ｂの給食、あいさつ
④「私生活に関わる部分」（＝学校の管轄外）：ｂの校外での遊び、アルバイト

現在、校則改正に生徒を参加させることが主流となりつつあるが、どの部分は生徒と話し合うべきで、どの部分はそれに該当しないかを前もって明確にすることが必要である。①「学校規則」については、学校の管理責任者として、校長が権限と裁量を有すると解せる部分である。

一方で②「推奨程度のもの」は、これまで多くの学校で「生徒心得」と呼ばれてきたものであり、あくまで模範的態度を表したものに過ぎないと指摘されてきた。これについては、ますます価値観が多様化する現在、一方的に学校が定めて生徒に強制するようなものではなかろう。この部分こそ、今後生徒と話し合って規定を設けるべきである。またこれについて重要なのは、その規定から外れたからと言って指導（声かけ）を行うことはあっても、懲戒を与えてはならないということである。あくまで心得の例示であるからだ。

③「単なる社会マナー」④「私生活に関わる部分」は校則から除外し、特に前者は必要であれば学級の約束程度に止めるべきである。このことは校則改善通知でも、「しつけや道徳、健康などに関する事項で、細かいところまで規制するような内容は、校則とするのではなく、学校の教育目標として位置付けた取組とすることや、児童生徒の主体的な取組に任せることで足りると考えられる」と指摘されている。

ところで、現在インターネット上に「全国校則ｗｉｋｉ」というサイトがあるのをご存知だろう

か。[xii] 全国の高校等の校則を集め、公開しているサイトである。このサイトで学校間比較が試みられているのが、「服装規定・頭髪規定・化粧・スマホ利用・SNS利用・アルバイト・運転免許・校則改正」についてである（2021年10月時点）。つまり、前述の②「推奨程度のもの」④「私生活に関わる部分」に該当するものであり、そこに当事者は不満を抱いていると考えられる。①「学校規則」③「単なる社会マナー」に該当するものについては、特段問題とされていないのである。

（提案2）校則の再構築

さて、この分類に基づいて、校則の再構築を図りたい。私が考える「令和の校則」の概要は、次の通りである。

【新たな校則の全体像】

第一章：憲法・法律・子どもの権利条約
第二章：校則の目的
第三章：学校規則（校長権限で定める）
第四章：学校生活の目安（推奨程度のもの、生徒と話し合って定める）
第五章：指導と懲戒
第六章：改廃プロセス

第一章は、校則の上位法として記載するものである。これらは校則が依って立つ原理原則であり、本来はこれだけで学校を回すことも可能なはずである。実際に桜丘中学校元校長の西郷孝彦さんの実践のように、いじめは暴行罪・脅迫罪・侮辱罪として捉えるなど、校則を設けずに学校運営を行う事例もある[xiii]。

そこにあえて学校独自のルールを付け加えるとすれば、「校則を設けなくてはならない目的」を明確化することが必要である。それが第二章である。私が考える校則の目的は、「子どもの発達の段階に合わせ、互いの安心安全や自由権、学習権等の人権を保障するため」である。これについては後述する。

さて、その目的に従い、「校則」として「学校規則」と「学校生活の目安=推奨程度のもの」を設ける。第三章は校長権限で定める、授業時間や出欠の規定等である。第四章は服装、髪型、所持品等に関して生徒と話し合い、推奨レベルの目安として定める。

第五章には、「指導と懲戒」を置く。校則に違反したときの規定である。これは校則改善通知でも「校則に反する行為があった場合に、どのような対応を行うのか、その基準と併せて周知することも重要」と記載されている。「処罰する内容は予め明らかにしておかなくてはならない」という近代法の基礎基本、罪刑法定主義の観点からも必要であろう。

第六章には、校則の改正と廃止のプロセスを明文化する。

（提案3）校則の公開

続いて重要なのは、前項のような校則を、学校内のみならず学校外にも公開することだ。このことは校則改善通知でも、「校則は、入学時までなどに、あらかじめ児童生徒・保護者に周知しておく必要がある」と指摘されている。またそれでなくても、校則は「社会通念上合理的と認められる範囲」というのが前提であるから、常に社会からの審判を受けられる状態にすべきだろう。そうした意味で校則の公開は「学校の説明責任」であり、小中高校全てに公開を義務付ける必要がある。

なお前述の通り、私の勤める岐阜県公立高校は既に校則の公開を行っているが、公開に当たって学校内では本当にこの校則で大丈夫かということが議論となった。公開を義務付けるだけで、随分と不合理な校則が淘汰されるのを、身をもって体験した。

校則の公開について、もう一つ重要なことがある。それは、各々の校則を設けなくてはならない「理由」もまた公開するということである。校則には、「合理的理由」「教育的理由」が存在することになっているが、そうであるならば、その理由は必ず説明できることになる。理由の説明が不可能な校則は、設けてはならないからだ。「理由」の部分も公開することで、その理由のためにその校則は合理的なのか、もっと最小限の規定でよいのではないかと、様々な議論が期待できる。

（提案4）全国一律の校則ガイドライン

校則改善通知では、校則は校長の権限で定められるとしており、「学校の専門的、技術的な判断が尊重され、幅広い裁量が認められる」との記述も見られる。まるで学校側のフリーハンドが認められているかのようであるが、この背景には「校長（学校）は教育に関して専門的技術を有するスペシャリストであり、判断を間違えることはない」という前提があるように思う。一方で、近年「人権感覚の欠如」として話題となった、下着指定、地毛証明書などの理不尽校則は、全て校長の判断のもとに続いてきた。つまり本当は、校長も間違いを犯す、教員集団も間違いを犯す、という前提こそ必要である。

そこで全国一律の「校則ガイドライン」を設けることを提案する。これは、「校長であっても従わなくてはならない校則制定の基準」であり、国家における憲法のように、権力の暴走にブレーキをかけるためのものである。私が考える「校則ガイドライン」は、次のようなものである。

【校則ガイドライン】

① 人権侵害を生む校則は禁止
② 健康を害する校則は禁止
③ 性差を前提とした校則は禁止
④ 過度な経済的負担が生じる校則は禁止
⑤ 私生活の拘束は不可（学校に権限なし）
⑥ 制服・標準服の購入と着用は強制不可（学校に権限なし）
⑦ 理由の説明が不可能な校則は禁止
⑧「生徒らしさ」等の抽象的な理由は禁止

①「人権侵害を生む校則は禁止」に従えば、下着指定や地毛証明書などあってはならない。②「健康を害する校則は禁止」に従えば、防寒具の着用禁止などあってはならない。③「性差を前提とした校則は禁止」に従えば、男女別の服装や髪型規定などあってはならない。⑦「理由の説明が不可能な校則は禁止」に従えば、靴下などの色指定やツーブロック禁止といった規定は成り立たない。

では、制服以外にどのような服装が許容されるかについては、突き詰めれば、「他者の権利や安心安全を侵さない表現は自由」に行き着くと思う。服装の自由を認めようとしたときに、しばしば教師から出てくる反論は「特攻服を着てきたらどうする」「ハードモヒカンでそれをレインボーにして来たらどうする」というような極端すぎる例であるが、要するに「周囲が恐怖を感じるような格好はダメ」「目のやり場に困るような格好はダメ」という共通了解がもてればよいのではないか。

こうしたガイドラインに基づいて校則を見直せば、今問題として上がっている理不尽校則・不合理校則は軒並み淘汰される。また今後、校則改正について生徒や保護者を交えた話合いをするときには、生徒や保護者も従わなくてはならない揺るぎない指針となる。校長だろうと教員集団だろうと生徒会だろうと、権力が恣意的暴走をするのに歯止めをかけるのが、校則ガイドラインである。

これは全国一律の基準として設けるべきであり、その結果、ある中学校ではツーブロックが許され、隣の中学校ではツーブロックが禁止されるというような、理不尽の学校間格差もなくなる。また仮に地域から「身なりが自由すぎる」というクレームが入った場合も、ガイドラインに従った結果だからと、学校を守る盾にもなる。

（提案5） 校則の目的を問い直す

憲法や法律に則って学校運営を行えば、実のところ校則は必ずしも必要ないものである。そこにあえて校則という学校独自のルールを設けるのであれば、その目的や理由を明らかにすべきというのが私の主張である。では改めて、校則を定める目的とは何だろうか。

校則改善通知では、「学校が教育目的を達成するために必要かつ合理的範囲内において校則を制定し」というように、「教育目的の達成」が校則の目的として掲げられている。しかし、この「教育目的」とは何かをよく検討しないと、「社会に順応する生徒を育てるために髪色を制限します」というように学校側の恣意的な運用が続く恐れがある。

そもそも校則は、明治時代に「生徒心得」として始まったものであり、それは「朝早く起き顔と手を洗ひ口を漱ぎ髪を掻き父母に礼を述べ……（第一条）」「毎日参校は受業時限十分前たるべし（第二条）」「校に入り席に就かんとする時教師に礼を致す可し（第三条）」というような生活規範・倫理規範の数々であった（文部省正定、『小学生徒心得』東京師範学校、1873年）。つまり校則の始まりは、「生徒はかくあるべし」という教育目標の列挙であったと言える。一方で今日的感覚からすれば、それは「あるべき生徒像の押しつけ」とも感じられよう。

そもそも日本の近代学校制度の始まりは、江戸から明治に至る変化の時代の中、世界では弱肉強食の帝国主義時代に当たり、その荒波を越えるための均質な国民を早期に育成するという国家目標からであった。そうした時代の要請からの「あるべき生徒（国民）像の押しつけ」であったと理解できる。しかしそんな時代が去った戦後も「あるべき生徒像の押しつけ」は当たり前のように残り続け、一昔前まで男子生徒は丸刈りであるべしといった規定すら教育目的の名で存在し得た。

しかしこれからは多様性を認め、各々の幸せの形を追求する成熟社会の時代である。遅ればせながら、令和の時代に即した校則制定の目的を再定義すべきではなかろうか。多様な価値観や個性が認められることは、総体として民主主義社会の強さを増すのであり、そういった観点からも恣意的な「教育目的」、とりわけ生徒心得という「あるべき生徒像の押しつけ」は極力排除されるべきだ。

今日、学校教育の目的は「平和で民主的な国家及び社会の形成者」の育成にあるとされている（教育基本法第一条）。それは言わば「日本国憲法を体現する市民を育てる」ということであり、しいて言えば、「憲法が定める価値観を学ぶ」という「教育目的」のためにのみ校則は存在し得る。換言すれば、「公共の福祉を尊重しながら自由に生きる」術を身につけるためにこそ、校則という学校独自のルールの必要性は見出せるのである。

以上を踏まえ、新たな校則制定の目的の提案は、前述の通り、「子どもの発達の段階に合わせ、互いの安心安全や自由権、学習権等の人権を保障するため」である。若ければ若いほど、自分本位に他者の権利を侵害してしまうことがあるかもしれない。そうしたときに備え、生徒を正しく導くための校則が必要な場合もあるということである。一方、そうした態度が自然と身につくならば、校則という独自ルールは必要ないのであり、言わば校則を必要としない（でも日本国憲法を体現できる）状態こそが、目指すべき理想の姿とも言える。

いずれにせよ、教師こそが互いの安心安全や人権を守る使命を誰よりも深く理解し、そこに生徒を導く存在とならなければならないのであり、学校の校則自体が憲法や人権を踏み躙るような規定を設けていることは全く本末転倒と言うほかない。

校則改革は教員のためにも

私は校則についてのオンライン署名を開始する前に、長らく教師の長時間労働について発信を繰り返してきた。教師が、ボランティアであるはずの部活動顧問を事実上強制されている。部活動以外も——給特法という法律で残業が「自発的行為」とされているにも関わらず——超過勤務が事実上強制されてしまっている。そうしたことへの見直しを主張してきた。[xiv]

なぜ教師がボランティアに過ぎない部活動顧問を断れず、自発的行為に過ぎない残業から逃れられないのか。それは「らしさ（あるべき教師像）」の呪縛である。部活動顧問や残業を断わろうものなら、法律とは関係なく、「あなたは教師らしくない」「だったら辞めるべきだ」と心ない言葉をかけられてしまうのである。生徒も同様である。制服は生徒らしさの象徴であり、法律に基づくことなく、「それを着られないのであれば教室に入るべきではない」と言われてきた事実がある。

教師の労働問題に意見するのも、校則問題に意見するのも、同根の思いからである。それは、生徒であれ教師であれ、理不尽に学校からドロップアウトさせられる人たちがいる現実を変えたいのである。冒頭に紹介した通り、「学校の決まりが原因で不登校に陥っている児童生徒」は令和元年度、少なくとも5572名と示されている。一方で、「精神疾患により休職する教員」の数は、令和元年度調査で5487名と示されている（公立学校教職員の人事行政状況調査）。年間5千人を超える児童生徒と教師が、不合理なプレッシャーから、教育現場でもがき苦しんでいる。

生徒が持つ、自分の身なりは自分で決める権利。教師が持つ、勤務時間外の過ごし方は自分で決める権利。憲法や法律に則り、当たり前の権利がごく当たり前に認められる教育現場を作りたい。生徒の身に起きている校則問題を問い直すことは、教師の置かれている不当な超過勤務を見直すことにも繋がると、私は確信している。

「生徒らしく」も「教師らしく」もなく、ただ「自分らしく」居続けられる令和の学校へ。

追記

脱稿直前の2021年10月、岐阜県内のある中学校で「制服」の表記が「標準服」に改められたとの報告を受けた。またある中学校では、今後数年をかけて上下セットだった制服をなくし、ブレザーの指定のみを残して、その他は自由にするという方針が示されたという。岐阜県内では、本稿で紹介したオンライン署名を含め、様々な人が制服や校則の見直しを訴え動いている。皆で声を上げれば学校は変わる、そう実感する日々である。

i　岐阜県教育委員会「学校における新型コロナウィルス感染症対応〈学校再開ガイドライン〉」２０２０年５月15日
https://www.pref.gifu.lg.jp/uploaded/attachment/93181.pdf
ii　朝日新聞デジタルフォーラム「中学校の制服、どう思う?」２０１６年９月14日～27日14時調査 計１３３０回答、
https://www.asahi.com/opinion/forum/033/
iii　内田良の学校カエルちゃんねる「制服は安い?!高い?!～お金の視点から校則問題を考える」２０２１年２月13日、

https://youtu.be/TgZo6Jnb3EY

iv 柳澤靖明・福嶋尚子『隠れ教育費』太郎次郎社エディタス、2019

v 憲法13条「すべて国民は、個人として尊重される」憲法14条「すべて国民は、法の下に平等であって、人種、信条、性別、社会的身分又は門地により、政治的、経済的又は社会的関係において、差別されない」憲法26条「すべて国民は、法律の定めるところにより、その能力に応じて、ひとしく教育を受ける権利を有する」、教育基本法4条「すべて国民は、ひとしく、その能力に応じた教育を受ける機会を与えられなければならず、人種、信条、性別、社会的身分、経済的地位又は門地によって、教育上差別されない」

vi 内田良の学校カエルちゃんねる「制服や理不尽校則の見直しを求める署名と要望書の提出（2021．3．26）」https://youtu.be/f_GtkuVT1AM

vii 文部科学省初等中等教育局児童生徒課「校則の見直し等に関する取組事例について」（2021年6月8日）

viii 岐阜新聞「校則「制服」記載↓着用義務ない「標準服」に高校教諭らの団体、県教委に要望」2021年8月11日

ix 大津尚志『校則を考える―歴史・現状・国際比較―』晃洋書房、2021

x 教育新聞「【木村草太氏 × 妹尾昌俊氏】学校の当たり前を法から見直す（中）」2019年7月30日

xi 山下敏雅・渡辺雅之編著『どうなってるんだろう?子どもの法律ｐａｒｔII～一人で悩まないで!～』高文研、2019

xii ウェブサイト「全国校則ｗｉｋｉ」、http://kousokuwiki.org/wiki/

xiii 西郷孝彦『校則なくした中学校 たったひとつの校長ルール』小学館、2019

xiv 内田良・斉藤ひでみ編著『教師のブラック残業―「定額働かせ放題」を強いる給特法とは』学陽書房、2018

誰の声によって校則は変わるのか

NHK岐阜放送局記者　吉川裕基

「結局、私たちの意見ってなんなのだろう」。これは、校則改定を実現した後の高校生の声だ。私は、岐阜県を中心に校則問題を継続して取材している。校則問題に強く関心を持つきっかけとなったのが、この生徒の声だ。全国各地の学校で校則を見直す取り組みが広がっており、生徒主体で校則を変えたという事例を目にする機会が増えた。ただ、「生徒主体」という言葉が安易に使われていないだろうかと私は疑問を抱いている。

「校則は変えられる」と校則に書く狙いは？

岐阜県では、児童生徒に「校則は変えられる」と認識してもらおうという取り組みが始まっている。令和3年5月、岐阜県教育委員会がすべての県立高校と特別支援学校に校則を改定する手続きを校則などに明記し、児童生徒や保護者に周知することを求める通知を出した。県教育委員会の担当者は、「児童生徒に『校則は変えられるものだ』という認識を持ってもらい、時代に合った教育環境を作っていってほしい」と狙いを述べた。改定手続きの明文化によって、子どもたちの声が学校運営に反映されやすくなり、学校がより過ごしやすい環境になるのではないかと期待する声もあがっている。この取り組みは全国的にも珍しく、令和3年6月には文部科学省から校則見直しの事例として全国の教育委員会に伝えられた。ただ、声をあげやすくしただけで子どもたちが望む環境が実現できるとは限らないと、私は取材を続ける中で考えるようになった。なぜなら、校則を変えるための影響力は、依然として大人が持っている場合が多いからだ。

どうして校則が変わったのかが分からない

冒頭の生徒の高校は、岐阜県内の伝統校で地域の中では一目置かれる存在だ。高校で見直しの対象となった校則は女子生徒のタイツの色だった。校則が変わるまではタイツの色はベージュのみ。真冬の氷点下になる日でも多くの生徒がスカートに靴下だけで通学するほど、ベージュのタイツは見た目が格好悪いと不評だった。生徒たちになじみのある黒いタイツをはけるようにしようと、生徒会が半年以上かけて学校と交渉を重ねた。生徒会のメンバーの1人は取材に対し「生徒会に入ったのは黒タイツをはきたい一心。絶対に変えたいという思いがあった。なぜ何年も変わらなかったのか解き明かしたい」と答えた。何年も前から黒タイツ着用を求める声があがっていたものの、校則を変えた前例がなく、校則改定の手続きも明らかにされていなかった。生徒会のメンバーは、受験勉強や部活動などの時間をやりくりしながら手探りで活動を続けた。

▼平成31年2月　生徒会が生徒や制服取扱店に調査を実施。調査結果をもとに学校へ要望。学校は「(ベージュのタイツが) 嫌だからはきたくないというのは主観の問題」と要望を却下。

▼令和元年7月　生徒会が生徒と保護者にアンケートを実施。9割近くが黒タイツ着用に賛成。生徒会が再び要望。

▼令和元年9月　要望に対し学校は「見た目については主観の問題である」などと却下。

▼令和元年10月　保護者や卒業生を交えた会議の場で、全会一致で黒タイツ着用を容認。

▼令和元年11月　高校が校則変更を決定。生徒が黒タイツを着用できるようになる。

当時の校長は、黒タイツを簡単に認められない理由について、「紺のセーラー服、紺のスカート、白のソックス。これが高校の制服だとずっと見てきたし見られてきた。それを覆す理由がなかった」と述べた。また、生徒会は、校則見直しが必要な理由について「見た目」が気になることもあげていた。学校は「見た目」については変える理由にはならないと判断した。さらに、変更を渋る理由には「地域からの目」もあった。地域からも伝統校の生徒とみられるため、制服を簡単に変えることはできなかったのだという。ところが、生徒たちが何度も声をあげていた中で、突然の方針転換が決まる。それが、保護者や卒業生などを交えた会議だった。校長は「保護者の意見、同窓会の意見を交えて出た意見なので当然重く受け止めたい」と述べた。卒業生などの大人の声が学校の意思決定に大きな影響を与える結果となった。

校則を改定して黒タイツが着用できるようになったものの、生徒たちの中にはわだかまりが残っていた。

「頑張って提案したものを『主観』という熟語だけで却下されたのはしんどい気持ちになった」（生徒会男子生徒）

「手順を踏むだけ踏んだのに、時間稼ぎをされているような気がして納得いかなかった」（生徒会女子生徒）

「結局、何が変える要因になったのかはわからなかった」（生徒会女子生徒）

校則が変わった理由について、明確な理由も分からず「会議で決まったから」というのでは、納得ができない。3年間という貴重な高校生活のうち半年以上かけて生徒が声をあげ続けていたにも関わらず、大人の声が校則を変えるための大きな影響力を持つ結果となった。

決定権者が説明を尽くせるか

令和3年8月にNHKが行った調査では、岐阜県内の県立高校61校中7校で校則改定の手続きがすでに明文化されていた。具体的には、アンケートなどで生徒や保護者の意見を聞きとり、地域住民などを交えた学校運営協議会で議論をする。その結果を踏まえて校長が校則の改定や廃止について決定するという流れを明記している高校もある。文部科学省は、校則を制定する権限は学校運営の責任者の校長だという見解を示している。生徒や教員、それに保護者も交えて校則について議論する機会を設ける学校もあるが、最終的な決定は校長が行う。校長の決定に影響を与えるのも保護者や地域住民など周囲の大人の存在が大きい。改定手続きを明文化して生徒が声をあげたとしても、大人が納得いかない場合は、生徒の声がいかされない結果となる可能性もはらんでいる。このような状況の中で、大人と生徒が対等な関係を築いていくには、一方的に決定した内容を伝えるのではなく、意思決定の過程を明らかにし、生徒の声がどう反映されたのか、決定に至った経緯をわかりやすく伝える必要がある。真に「生徒主体」を実現するためにも、生徒が納得できるように説明が尽くされているのか、その点に注目し、今後も取材を続けたい。

第５章

高校教師

校則に関する覆面座談会

高校はすでに多様な様子が確認されている。一方で、生徒の健康を侵害するような校則に基づく指導がある地域もあり、葛藤している教師の姿が見受けられた。学力や偏差値、「荒れているか」などの状況によって地域内でも異なるロジックが働いて校則が強化されていることも分かった。

岐阜県。生徒会担当歴が長い。

twitterで、学校の在り方について
積極的に発信している。【@TNT08698】

TNT
(40代)

関西地方。教員4年目。

3年間生徒会担当後、現在は担任。

「体感型の授業を」「考えたことは即行動」

を目標に日々教育活動に励む。

SKR
(20代)

一部の教師は「恰好をちゃんとさせていれば、『荒れ』が始まらない」と信じています。

泣いている生徒の化粧を落とさせる…。教師を辞めたいと思いました。

自分の思いを押し殺して校則に基づいて指導しなければならない…聞いていてしんどいです。

制服がどうとか、髪色がどうとか、一体何の話をしているのか！

司会 内田
教育社会学者。

長野
(30代)

長野県。教員歴8年。

教務係→生徒会担当

※司会以外匿名

内田　「先生たちの校則改革」の実態を知りたいということで、お集まりいただきました。学校教育は子どもが主役ですが、その土台は先生がつくるものです。先生方の校則への思いについて賛否問わず、ご意見いただきたく思います。

今回長野県の先生にお越しいただいていますが、長野県はどうしても参加してほしい、という思いがありましてお声掛けさせていただきました。長野県の高校は、「制服の着用率が著しく低い、私服の率が高い」というところです。こうした例も含め、高校は現時点で校則含め相当多様であるという印象です。私立と公立でも、都道府県間でも、同一自治体の中でも、普通科、工業科などさまざまな多様性があるなと思っています。私は部活の研究をやっていますが、中学校は高校に比べると地域に限らず同一性が高いのです。

多様なお話を楽しみにしています。何か一つの解決をしたいわけではなく、迷いも含めて率直な思いをいただきたいと思います。

TNT　岐阜県勤務のＴＮＴです。教員になってから、生徒会担当が多く、校則に関しては、生徒から「変えたい」と声を聞くことが多くありました。いくつか変更に向けた活動をしたのですが、結果的に変えられなかったことの方が多かったです。それもあって、校則に関しては疑問をもちながら、現場では指導せざるを得ないという立場で、ここまできました。よろしくお願いいたします。

内田　素朴なことで恐縮ですが、生徒会担当というのは、学年や学校が変わってもそうでした？　生徒会向きだよね、みたいな何か向き不向きがあるのでしょうか。もしくはご自身から希望されるですか？

ＴＮＴ　向き不向きを上が判断しているのかな、とも思います。また、学校が変わった時も、前何やってた？　と聞かれるので、続いてきています。希望の中にも入れています。

長野　長野県の高校教員、長野と申します。講師のときに教務係を経験し、正規採用されてからは、私もずっと、生徒会を担当してきました。ＴＮＴさんがおっしゃったように、人事異動の際には、前任校での分掌を聞かれることがあります。また、私の場合は、若い教師が生徒と関わる上で親和性が高いということもあったと推測しています。

内田　若手中堅がそういう役に当てはまるのはありそうですね。

ＳＫＲ　関西地方の高校教諭で、４年目です。去年まで３年間は生徒指導担当で、生徒会を担当していました。今年から担任に入っています。

内田　みなさま生徒会の担当なのですね（笑）。基本的には学校に一人と思うので、偶然ですが、校則についての生徒の声が集まってきやすい本丸の人が集まっていますね。生徒会の観点は大事になってくると思います。またお話よろしくお願いいたします。

1．「髪の色の番号」のサンプルで生徒の髪を「検品」する

校則から消えても、指導が残った

内田　まずは手掛かりとして、校則の昨今の報道と現在の勤務校や自治体の現状について教えてください。

TNT　「校則が厳しすぎる」という声から、「自由でいいのではないか」という風潮が世間に広がっていることはすごく歓迎しています。うまく言えませんが、学校って結構世の中の流れに「鈍感」なところもありますが、「敏感」なところもありますよね。岐阜県に関しては、こうした報道なども受けてと思いますが、県教委が率先して「校則の見直し」について通知[ii]を出しています。前任校の生徒指導主事の人は、最初はこの通知に頭を抱えていましたが、次第に「そういう時代なんだな」ということで、理不尽な条項は全部とっぱらっていくようなことをしていました。

　しかし、現場では、「この髪型は違反だよ」みたいなことは残っていたのです。変更前のように「何日までに直してきなさい」という紙を生徒に与え、それに応じなければ指導

する、というような、校則から条項は消えているにもかかわらず、現場にはなぜか指導が残っている、という不思議な状況もありました。

　昨年異動したのですが、現職校では「髪の色の番号」、髪を染めるときに美容師さんに指定する番号のサンプルが学校にあって、「これより茶色かったらダメ」というのが普通に残っていまして、染めてきた生徒の髪にそのサンプルをあてがって、「検品」をしているような状態です。

内田　厳しい指導に感じますね。

SKR　私の学校でも、TNTさんと同じように、頭髪の番号のサンプルがあります。使い方は、地毛の登録の際に、「この子は何番」というのを登録しておくためでした。ほかの子や関わりの少ない先生方に「あの子明るくない？」と言われたときに教師が「あの子は地毛だよ。地毛が○番の明るさなんだ」と補足するために使用している形です。

TNT　県教委は通知を出すにもかかわらず、現場がなかなかそれに対応できない。

　この現状は、高校からすぐに就職する子がいるという点が大きいと感じます。企業が茶髪だったら不採用にするかというと、実際分からないのですが、教師側はそれを恐れています。「これは君たちのためなんだ。君たちが校則を守ることによって、校風、この学校がこういう学校と企業にも知れ渡り、君たちもその恩恵を受けるのだ」というような言い方もします。

理不尽な校則の報道によって、会社はそんなことで高校生を落としたりしないんだ、という世論になってくれたら、学校も変われるのかな、と感じます。これは自分で言っていて嫌なのですが、「社会が変わらないと高校は変わらないのだ」というような感覚が、高校に、そして私の中にあると思っています。

足並みをそろえた指導を求める教員

内田　いろいろな論点が出てきましたが、確かにと思ったのは、「鈍感だけど敏感」というところです。「ある問題で全然学校は動かなかったのに、何かをもって急に動いた」ということ、ありますよね。

TNT　学校の中にいると世間の動向を気にしていない部分が多いです。教師の9割くらいが鈍感なのですが、そんな教師の耳に触れるほど大きな報道があったときには、一気に動くというようなこととかな、と思います。

内田　TNTさんは歓迎だ、と思っていらっしゃると思いますが、県教委の通知もあって、校則から条項が消えているにもかかわらず、現場では運用が継続されているという件について、ほかの教師の雰囲気はどんな感じなのですか。

ＴＮＴ　本校では生徒会の担当は生徒指導部ではないので、私は、直接はこの議論に絡んでいません。通知を受けて話し合われたと思いますが、他の教師から「困る」という声が上がったようです。生徒指導において、校則などの明確な指導基準がない場合、隣のクラスと違っていると、生徒からそのユレを指摘されてしまうのです。

そもそも、「生徒を叱るのは、生徒指導でやってほしい」。生徒指導の担当に「ここからはダメ」とびしっと言ってほしい、と思っている人が多いです。自分は生徒にいい顔したい、「生徒指導の先生が怖いから、いうこと聞いてね」「あの先生に怒られるからしっかりしてね」。

なので、「全部いいなら全部いい」「だめならだめ」と線を引いてほしいと、教師も生徒みたいなことを思っているのだと思います。

内田　ある意味校則にこだわっていない感じにも聞こえますね。「校則変えてくれるな」でなく「どちらでもいいから、しっかり決めてくれたら従うよ」と。

その校則批判は「人権を守るため」か、「わがまま」か

ＳＫＲ　私は、報道が取り上げる子どもや保護者の声が、どこからどのような理由であがっているのかが気になっています。

実際私のもとにも、生徒からも校則を変えてほしいと声が上がるのですが、「しっかり校則を守ったうえで、おかしいと思ったから変えてほしい」という場合と、「ただ、自分が守りたくないから変えてほしい」という場合があります。保護者から、声が出るときも、「自分の子どもが頭髪染めていることに注意されるのがただただうっとうしいから」最近の報道に便乗している人もいる気がしています。

「子どもたちの多様性を守る」という観点をもって声を上げて下さる方が増えてほしいと思うのです。明らかにおかしい校則は即改革でいいと思うのですが、高校は受験で選んで入るので、ある程度自分でまず入学前にルールを確認しておくべきではないか。そして従ってみてから変えていくべきではないか、という気持ちもあります。入学の際などに確認しておらず、入ってみたら合わない校則が多かったから反射的に声を上げている人もいるのではないか、と感じています。

内田　僕の印象は、現在の報道はほとんど、生徒の人権保護の観点から「視聴者の誰もが明らかにおかしいと思うもの」、例えば、生徒の下着の色の確認などを取り上げている印象です。校則の指摘にとどまらず、ある意味でセンセーショナルになりやすい「学校たたき」の側面が乗ってきている場合もあると思います。つまり、校則全体の在り方の議論という本丸には踏み込んでいないものが多いということです。

本来ならば、「校則というのは、どこまで自由にしていいのか」の議論をしなければいけないと思うのですね。先生方の学校の生徒はどのような状況なのでしょうか。

2.「高校で遊ぶ」生徒たち

高校卒業後に厳しくなる例も

SKR　私の学校の生徒は二極化していると思います。明らかにわがままな子も結構多いです。あまり深い思慮がなく、「髪の毛も染めた方が可愛いから染める」「ピアスも開けたいから開ける」という。生徒会に属している子たちは、「いろんな子がいる」ことは分かったうえで、卒業後職に就く子が多い学校なので、「身だしなみで遊べる期間は今しかないのではないか」という感覚で議論している子もいますね。

内田　なるほど……もしかしたら世論を構成している主な属性の人には、「大学で遊ぶ」という前提があるのかもしれません。生徒が「卒業後に決まりががちがちになる」と考えていると「高校で遊ぶ」という発想になりますよね。

SKR　理容、美容の専門学校に行く子も多いのですが、意外にも黒髪を強いられているようです。

内田　理容、美容で！　うそ、僕のような髪型とかの人が多いのではないの！

SKR　専門学校では清潔感が求められて、学生は黒髪でないといけない、というところもあるらしいです。

TNT　調理系で聞きます。「清潔感から、男子は髪を伸ばせないらしい。なので高校の今伸ばしたい」と言っている男子がいました。

内田　男子は伸ばしてはいけなくて、女子はいい、というようなのも変ですよね。バイアスが様々な形で複雑に発生しているのでしょう。

卒業後の方が決まりを守る生徒がいる理由

内田　SKRさん、高校卒業後、生徒が厳しい専門学校に入ることも想定して、高校では入学の際にも厳しいルールが求められるのでしょうか。あるとすると、例えば3年生からは厳しくしようというようなディスカッションにはならないのでしょうか。

SKR　むしろ生徒の方では、専門学校に行った先でちゃんと守るという意識な気がします。なぜなら自分の夢に近づける進路だからです。高校は、近いから選んでいる子も多くて、自分の将来就く職業のために入る意識がある専門学校は従うけど、高校では自由にしたいし、校則で縛られるのはおかしいと思う生徒の気持ちを感じます。

内田　なるほど……では、仮に進路先の専門学校や大学、会社の決まりに高校の校則が準拠していたとしても、高校では反発している子もいるのでしょうね。

ＳＫＲ　ただ、私個人の思いとして、卒業後の進路のための面接では、企業や大学は外見ではなく、理念などの内容がしっかりしていれば採用してほしいと思います。試験は点数さえ取れれば身なりは関係なく合格させていただけるではないか。

もちろん人によって、外見から受け取る印象が変わることは間違いないと思います。生徒には、「周りは黒髪でくる子が多いと思う。あなたが金髪で受けるとするなら、その印象の差を覆そうという気持ちでもって臨んでほしい」と伝えています。

内田　ちなみに学校では、その思いは許されるのでしょうか？

ＳＫＲ　学校としては、私も髪色の番号を見てチェックします（苦笑）。

内田　こうした葛藤はよく耳にします。自分は校則に賛同していないけれども、指導する側として、他の先生と比べて自分だけ違うこと言えない。先ほどのお話の通り、生徒が混乱しますから。

ちなみにぼくは、実は、院試を受けようとしている大学生にもし「金髪と黒髪どっちがいいか」聞かれたら、「大学によるけど黒に変えた方がいいかもね……」と答えています。教員養成系の学校であれば、相対的に、黒髪の方がいいだろうと言ってしまうと思うのです。僕自身、大学の面接何回か受けましたが、採用の面接の際に真っ黒にしました。

長野　外見の規制と進路指導について、興味深く聞きました。というのも、私の経験上ではそのような話は全くないからです。私のクラスにも美容、調理の専門学校に進んだ生徒がいましたが、卒業後の文化祭に髪の毛を真っ赤にして遊びにきた子もいました。お二方のお話を聞くと、こうした地域差に恐ろしいなと感じます。

3．校則の違う別の世界があることを知る

内田　高校はいまここの事実レベルで興味深いほどバラバラですね。私は、校則のポイントはここにあるのではないかと思っているのです。

つまり、みんな、自分の住んでいる世界が当たり前になっているのではないか。どちらが良い悪いではなく、他の自治体、他の学校でどういう状況にあるかを知ることで、それぞれの選択肢が増えていくのだと思っています。だから、そういう意味では、ぴったりな話題だったなと思います。

長野　内田先生がおっしゃられた、「別の世界があることを知る」ということはすごく大事だなと思っています。先の質問で、昨今の校則の報道をどう受け止めているかという点に

ついてですが、私個人の感覚だと、どうとも感じていません。

内田　ほう！

長野　世界が違うのです。お二方がおっしゃられた「髪色の番号のサンプルを学校が持っている」などといったことを経験したことがありません。下着がどうとか、制服がどうとか、聞いたこともないので、報道に出てくるような極端な例の話については、「一体何の話をしているのか」全く分からないことが多いのです。もちろん、ニュースでは見るのですが、「そんな世界もあるのだな……」と思うばかりでした。

内田　長野県は制服だけでなく、校則全般について比較的厳しくないということでしょうか。

長野　もちろん最低限の校則はありますし、頭髪指導も全くないわけではありませんが、例えば「地毛の証明書」などは一切ないので、過熱する機会がありません。本音を言うと、お二方の挙げられるここまでの校則に基づいた生徒指導ですらも「なんでそんな校則を運用しているのか」理解できていません。雰囲気が違いすぎて、いま少し、混乱しています。

内田　僕、いま長野の事情を調べていて、もちろん私服が多いこともあるのですが、制服がある学校の女子生徒のスラックスを認めている率というのがあるのです[iii]。それを見ると、長野がダントツでスラックスを認めているのです。制服あるなしでなく、制服はあったとしても、長野県は認めている範囲が広いのだと感じていました。長野県は、制服に注目していたけれども、全般的に「自由」なのかな、と思っていましたが、長野先生の話をきくと、その向きがあるのだろうと感じました。

僕個人として、髪色のチェックの話題をすると、自分ごとに置き換えてしまって、息苦しくなります。もし自分のゼミの学生にもしそうした指導をしなければならない状況を想像すると、怖いんです。生徒にとってハラスメントになるのではないか、そこから自分のクビがとんでしまうのではないかと感じます。

でも、一方、中高の世界では、それをやっているし、求められているときもあります。大学人なので別世界の話かもしれませんが、長野さんと感覚が近いのかなと感じました。この感覚なのですが、長野県全体で共有されているのか個人差があるのですか。

偏差値が高いと校則が厳しい　ＯＲ　偏差値が高いと校則が緩い

長野　長野県全体で、一定共有されているものがあると思います。ただし、学校の特性もあって、例えばいわゆる「困難校」と呼ばれる学校は、かっちり縛っていかないと指導が継続しない、ということもあります。少なくとも、私が勤務する「困難校」ではない学校よりは指導を丁寧にやっていると思います。とはいえ、今お二方にお聞きするお話、本当に驚いています。岐阜は隣の県なのに、山に隔てられている？（笑）からなのか、頭髪指導のあり方だけをとっても、様子が全然違いますね。

内田 余談ですが、私は普段、教育のこと考えたかったら、「ほかの国を見る」と「歴史を見る」ということを念頭に置いて研究しています。同じ国でも100年前こんなに違っているぞ、とかありますよね。でももはや「ほかの県を見る」でも十分気付きがありそうですね。

TNT 僕が最初に赴任した学校は長野県境に近かったのですが、比較的自由でした。丈の短いスカート、マニキュア……でしたが、国公立大学を目指す進学校でした。県境に影響は来ているのでしょうか（笑）。

しかし、そこの学校を私が去った後のことですが、進学成績が落ちていった時期があり、そこで「服装等のせいだ」と思ったようで、きっちり制服指導するようになった、という流れもあります。

内田 何年くらいですか。

TNT 15年前まで自由だったのですが、徐々に指導するようになっていったと聞いています。

内田　高校はまさに学校によって偏差値によって分かれていますよね。進路が多様な学校や進学校などでも校則の違いがある程度出ているのではないかと推測しています。TNTさんいかがでしょうか。

TNT　長野先生も言っておられたのですが、私の自治体でも、問題行動をする生徒の多い、いわゆる「困難校」、そして、就職者が多い学校ほど厳しい校則にしているだろうな、と感じています。

一方で、私、他県で勤務したことがあるのですが、そのときは、偏差値が高い学校ほど、校則が厳しかったです。それはそれでビックリしました。

内田　え！　そうなんですか。

TNT　トップとされる学校では、長袖シャツの袖のボタンすら外せないような厳しい校則でした。外したければ半袖で来い、ということでした（笑）。それぞれでその理屈を聞いたのですが岐阜県は、「上に行けばいくほど子どものマナーも大丈夫だから、校則はゆるめになる」。その県は「生徒が、優秀な学校に行き、社会に出て、例えば文部官僚になったら、我々教師を指導する立場になる。そういうエリートがいい加減でいいのか」という話をされた方がいらっしゃいました。

内田　確かに、その目線から見れば、例えば国会議員で奔放な身なりの人はなかなかいません。大学教員だってそうですよね。そして何より学校の先生方も。

僕は研究者として、そこにある「現実」というのは、その個々の事象に限らない普遍的な真実に基づいて現れているのではなく、その個々の事象それぞれが所持しているロジックの問題だと思っています。

その県では、そのような「上に行くやつはしっかりしよう」というロジック、岐阜県は、「学力高ければそれでいい」というロジックがあるなど、高校はそこに存在するロジックによって本当に多様になるな、と感じたお話でした。

ちなみに、中学の座談会はこうしたすでに「校則に多様性が存在している」という話はあまり出てきませんでした。校則問題は高校から議論していくほうがいいかもしれないと感じます。それぞれの地域の先生が「これでいい、これで受け継がれてきて今がある」と思っていても、他の地域にいけば全然違うわけですものね。

校則の厳しさと身なりの奔放さが相関しない！

SKR　私の自治体では学力が高いほど自由になる傾向はあります。

でも守る／守らないは別の話になります。つまり、外の人が見ると、校則の緩い／厳しい、と生徒たちの身なり・言動の緩い／厳しいが、必ずしも一致しているわけではありません。

私の自治体では、校則が相対的に厳しくないにもかかわらず、学力が高い学校ほどきっちりしているように地域に見られています。校則は厳しくないですが、所属する生徒は、自然と黒髪だし、スカートの丈などで遊んでいない。ぱっと見の見た目だけで知らない人がジャッジするならば、「学力の高い学校の方が校則が厳しいのではないか」と思われているほどです。

内田 ルールそのものの厳しさと、それをどこまで守ろうとするかは次元が異なる、と。これは面白いですね。政治家の服装や髪型が同じように見えるのも同じことのように感じます。まさか永田町にのみ適用される特別なルールがあるわけでもなく、でもみんな一つのルールをしっかり守っているように見える。ルールも一つだけ、性別ももしかして男性一つだけかもしれません。いずれにしても、見た目が一様だからといって、厳しいルールが強制されているわけではないこともある。「自由だけど、みんないっしょ」というのは、けっこう恐ろしい結末のようにも聞こえてきます。進学校の校則について、他の地域はいかがでしょう。

長野 同じような感覚で、進学校の方が自由というのは長野県も同じです。長野県は私が教員になるはるか前に、「先生たちの校則改革」ではなく、「生徒たちの校則改革」が主体的に行われたという時代がありました。この「生徒が主体性をもつ」という点が、もしかしたら勉強が得意かどうか、勉強に意識が向いているか、ひいては偏差値と相関している可能性はありますね。

生徒の主体性と教師の信頼

長野　先にお話しした校則がほとんどない学校は、地域のトップ校ですが、例えば、全校集会では生徒は自由なところに立ったり座ったりしている状況です。学年やクラスごとに並ばない。こういう「決まりがないことが生み出す他と違う状況」がいっぱいあります。

TNT　卵が先か、鶏が先か、ですが、教師の理屈の中に、「成績が下の子ほどはじけたがる。上の子はちゃんとできているじゃないか」というロジックがあると、校則がやり玉になる気もします。「荒れを検知する」ための物差しとして校則があるような。「荒れてない学校は校則をしっかり守っている。だから校則でもって管理していくのだ」と学力的には下の学校がそのように動いていくという。これはでも教師の理屈ですよね。因果が逆な気がしますが、教師がそれを持ち込んでしまう。

内田　このお話は校則を変えようとするときにしばしば出てくる論理なのです。私もよく耳にするのは、「校則緩めたら荒れるよ。荒れたとき責任とれるのですか」。でもお三方の自治体、勤務校の多様な実態の話を聞くと、この言説に根拠があるのか分かりませんね。

長野　先の学校では、例えば、文化祭のときに髪色を赤や黄色などにする子もたくさんいますが、終わると自主的に元の色に戻すんですよね。一度文化祭にお伺いしたときは、目がちかちかするレベルの人数が髪色を変えていました。この学校では、生徒たちが「なぜその髪色で自身を表現するのか」という主体性がしっかり機能していて、先生もその生徒の主体性をしっかり信頼している様子が見えました。逆に言うと、子どもに助けられているとも思います。

とはいえ、長野県でも縦に長いので、学校や地域によって校則のあり様はマチマチです。ある高校では、制服がきっちりあって、生徒のスカートの丈がどれくらいの高さか、生徒に膝立ちをさせて、地面から丈までの長さを定規で測定する、とやっている学校もあります。私の学校でも、金髪でくれば指導はもちろんしますが、染めないと学校に入れないとか、そういうような厳格な姿勢では臨みません。

地域からの生徒指導の要請と車の窓を開けて「こら！」という教師

内田　校則を考える際には地域等、外への意識があると思いますが、いかがでしょうか。変えようとした際などにクレームがくるなどありますか。

ＳＫＲ　実際私が変わるタイミングに立ち会ったことはありませんが、日常で学校に寄せられる電話で、「茶髪の子がいる。どんな指導をしているんだ」などの話がよくあります。「スカート短いぞ」とか。出身者の方で「自分たちのときにはしっかりしていたのに、どういう指導しているんだ」とか。

一応、ご意見をお伺いし、「学校の中ではこういうことを指導しています」とは話します。

内田　聞くだけ聞いて、即座に指導するわけではない。

ＳＫＲ　実際、敷地外と敷地内で生徒が態度を変えている場合もあります。この場合、教職員が敷地外の姿まで管理するというのは、できない。また、私や生徒指導の担当としてはすべきではないと思っています。

内田　そうした「学校外は別」という感覚はどのように芽生えるのでしょうか。私は、とある高校に一度お伺いした後に、その先生と夜ごはんを食べに行ったことがあります。その道中で、生徒が歩いていたのですが、いきなり手を伸ばして呼び止めて、「おい、ボタンがあいているじゃないか」と指導が始まったのです。生徒も「はい、すいません」と応じていて、これが高校の文化か、と思った一件を思い出しました。

ＳＫＲ　私も実際見かければ、一応言います。ただ校内にいるほど強制的な形では直させません。本来うちの校則では学校外でもきっちりする旨が書いてあるので、運用上は先生としてよろしくない態度なのかもしれませんが……年齢で区切るのは適切ではないかもしれませんが、私以外の比較的年上の先生方は外でも厳しく声を荒げて指導しているのを聞きます。

私としては、外でまで縛っていいものなのか、ずっと疑問なのです。実際に学校外での行動を全て取り締まることはできないので、見つかった子は厳しく言われる、見つからなかった子は言われない、という差がどうしても生じてしまいます。そうした矛盾が個人的にどうしても受け入れられません。

TNT　外では言われる方は言われる。登下校中だと、学校も安全管理の一端を担っているので、指導せざるを得ない部分もあります。教師の自動車通勤が多い地域で、窓開けて「こら!」と怒鳴る人もいます。通行人からしたら衝撃的ですよね（笑）。

内田　校則に懐疑的でも、校則に従って指導しないといけない。TNTさんは実際どういう風に過ごしていらっしゃるのですか。

TNT　私は校則に懐疑的な意見を表明することも多いので、基本的に分掌で生徒指導の担当には当たりませんし、おそらく先生も生徒もなんとなく、「校則について厳格ではない」というのを分かって、私と関わっている気はしています。

一方で前の学校のときは、生徒指導の担当で、決まった日に「頭髪とか爪とかチェックしないといけない」立場でした。でも「違反」とか「駄目」という言葉を使いたくなかったです。そのチェックの際には「こうするといいよね」と言いつつ、後日授業のときに、謝って回っていました。「もうすぐこういうことで君たちにこういうような指導をしなくていい時代が来るだろうと思っている。今は申し訳ないが従ってほしい」。このことは、足並みがそろわないので他の先生からするとずるい先生だと思いますが、そうやっていました。

内田　当然、先生にも葛藤が発生しますよね。ある知り合いの校則を改革されている先生からは、「校則では校外のことはしばりたくないけれども、『道を広がって歩いている』とかは指導しますね。生徒の学校外での所作を地域住民から指摘はされる。本当は、学校としては管轄外であることを周知したいし、電話では『管轄外なので地域の方々にはお手数おかけしますが、その場で生徒に注意してやってください』とも伝えますが」という話を聞いたことがあります。私は大事な論点だと思う。組織人としてふるまわないといけないのと、足並みをそろえないせいで、生徒指導に余計なコストが発生することがある。

そもそも明文化もされていないし、法律上指導の必要性はないのに、結局クレームが回ってくるから先んじてやらざるをえないという側面もありますよね。

なんとも、私は学校外の人間として、自分の思いを押し殺して指導をしないといけない先生のお話は、聞いていてしんどいところです。

長野　長野県では、クレームがしばしば学校に入るというのは、お二人のお話と比べると、それほど多くありません。なぜなら、長野県には、制服ではなく私服の学校も数多く存在していて、外の人はどこの学校の子どもか分からないから。なので、こうした学校外の態度についてあんまり電話が入ることはありません。一方、ポジティブな面で地域や保護者との関わりは深いように感じます。勤務校の隣の高校は制服でスラックス着用禁止でしたが、地域や保護者から「冬の寒い環境のなか、スラックスがはけないのは、健康の面でおかしいじゃないか」と声が上がってきた。先生たちも「生徒の健康を一番に考えれば、着用を認めるべきだ」と議論する中で、三年前にスラックス着用が認められるように変わりました。

「地域や保護者と協同して教育にあたる」という雰囲気が根付いているということも、「登下校中の生徒を見つけて教師が叱る」ことをしなくてもすむ要因の一つなのかもしれません。

内田　長野だけ、おいしいところとっていく素晴らしい自治体！　という座談会になりそうじゃないですか（笑）。

長野　いえいえ。良い意味で高校に対する地域や保護者の関心・意識が高いので、教師の生徒指導にかかる負担が軽減されていると思います。

4．耳が膿むのに、ピアス外させる……

校則と教師の生徒指導のストレス

内田　そうなんですね。次の話題になりますが、校則改革は教員の負担軽減につながると思うのですね。これはあくまで働き方改革を考えたときの校則改革における副次的な産物ですが、校則を厳しくしないことで、身だしなみの指導をする機会そのものがなくなっていくのではないかと思うのです。TNTさんが苦しい気持ちでクラスを回って、その後で真意を伝えていたお話がありましたけれども、ルールを設けなければ、そうした定期的な業務が軽減されるのではないかとも思うのですね。

「ルールをなくしたら指導することが増える」のか、「ルールをなくしたら指導することが減る」のか、いかがお考えでしょうか。

長野　校則がほとんどない学校でも、生徒指導は当然あります。ほとんどないとはいえ、例えばいじめの問題やその少ない校則に違反している生徒には指導せざるを得ません。とはいえ、その指導の中で、「この校則はおかしいのではないか」と考えていくきっかけにもなっていて、教師の先導で変わっていく例もあります。私が勤務する学校では、教師主導で、「校内でスマホ使用禁止」という校則がなくなりました。

内田 私は「教員の働き方」も考えてきています。校則の見直しで、先生の負担がめちゃくちゃかかるようなら、本末転倒だと思っています。「先生の負荷を減らす」ということを校則改革では常に並行して考えたいところです。

SKR 校則があることによって、私は精神的にしんどいです。自分は「悪くない」と思っているのに、校則があるから注意しないといけないこと。また、担任していると自由にいろいろ活動させてあげたくて、クラスをよりよい環境にするところにエネルギーを割きたいのに、頭髪指導や「ネイルとってこい」とかに労力を割かないといかないのがしんどいです。

内田 時間的だけでなく、精神的に負荷があるんですか。

SKR 例えば、この校則に基づく指導で泣いちゃう子がいます。「自分の顔が好きじゃないから化粧をしてきている」のに、化粧を落とさせないといけない。泣きながら化粧を落としている横に付き添っていたときはかなり苦しかったです。私は何回か、こうした指導を経て先生を辞めたいと思うに至りました。結局続けてはいますが。

内田　最近何か葛藤した指導の場面はありますか。

SKR　ピアスを取らせる指導です。校則では「ピアスはだめ」。でも一度開けてしまうと、ピアスは穴が定着していない状態で外すと、細菌が入って皮膚が膿むなどの病気になることがあります。もちろん、「校則で禁じられているのに開けてきた」というところに生徒の落ち度もあるとも思うのですが、これを無理やり取らせないといけない。明らかに健康的な被害があるのに、押し通さなければならない。

ネイルも、お店でやってもらっている場合、除光液では完全に落ちないことがあります。でも「取れる分だけ取る」指導をすると、まだらな模様だけが残る汚い状況になります。もちろん、ルールについて考える場面で、その指導はするべきと思いますが、そんな事後処理をさせるのはまた別の話だと思っているのです……。

内田　しんどいですね……でもそう指導せざるを得ないプレッシャーがあるのですね。

SKR　私が見過ごしたところで、他の先生が指導します。「なんであの先生は許してくれたのに」と、今度は余計に大人への信頼感がなくなってしまうのです。

内田　結局指導せざるを得ない。

TNT　誰かが私見でもって「校則を違反してもいい」と言ってしまうと、「あの人はいいって言ったのに」と余計な問題が発生します。

校則についてですが、いまはある方が生徒指導など教師の負担、コストがかかっている気がします。

例えば、今の子どもたちは、デジタルネイティブの世代で、情報に敏感です。「なんでそんな指導すんの?」とほかの自治体の例やニュースと比較されると、信頼関係の構築が、校則によって遠回りになることがあります。

荒れた時代の生徒指導の背景

TNT　ただし、先生、地域の方は、校則をなくしてしまったときに校内暴力などが盛んだった、「あの頃(1980年代)[iv]」みたいな荒れが発生し、それが発生したときに、立て直す際のコストを考えている人もいます。

以下は私の経験則も入っていますので参考程度にお聞きください。昔の「荒れた状況」は、例えば「同じリーゼント」など「目に見えるもの」だったので、その条項を取り締まれば、外見的にまず抑えられて、一定程度取り締まることができました。今は、「荒れ」って姿に出てこない部分が大きいと思います。このように時代の遷移を考えると、校則をなくしたせいで、外見を伴って荒れるということはないと思います。

2021年現在、50代の教師はあの「荒れた時代」を覚えている。そのときとは、毎朝校門の前で状況の観察と身だしなみの指導、場合によっては朝から怒鳴り合いになり、保護者も学校に来て収集がつかなくなるなどのときです。

この理論で考えると、「生徒の荒れ」は地域などの指摘によって最終的に学校が負担しなければならず、校則があることによってこのクレームなどが低減していると考えると、「校則がある方がコストがかからない」となるのだと思います。

でもこの理屈は今の時代も通用するのでしょうか。

長野　現代の長野県でも荒れている学校は確かにあります。校則がないから生徒指導も大変じゃないのではないか、というとそういうわけではないと思うのです。

先のスマホの話でいうと、「登校後、下校まで校内でのスマホは使用禁止」なのです。でも、生徒に「なんで？」と聞かれると明確な返答はできませんでした。急に親に連絡を取らなければならないことなど、いろんな場面が想定されるはずなのに。でも少し調べてみると、携帯がかつて高校生に普及し始めたときに、授業中に遊んでいる例が確認され、その防止としてつくられた校則をずっとやってきた。我々は考えもせず、スマホの使用を見つけるたびに、指導している部分もあったと思います。

内田　なるほど……一筋縄でいかないのは、教師の生徒指導に向かう価値観の違いや、ある意味で地域の要望、そして生徒の思いの多様化もあるのでしょうね。貴重なお話をありがとうございます。

最後に制服の話だけみなさまにお伺いしたいです。ジェンダーレス化が進んでいて、現在校則改正の話題となるとまず上がってくると思います。いかが運用されているのか、また、いかがお考えでしょうか。

5.「私だって丈の短いスカートを履きたいわけじゃない」

見た目の変化は心の変化　生徒と対話する時期である兆候

SKR　私は私服と制服を選べるような制度がいいなと思っています。自分の私服をあまり所持していない子など、制服があることで救われる子もいます。

また、制服を導入している意味が、外聞に対してきっちりとしていることをアピールすることに重点が置かれ、丈の長さをそろえるとか画一的な指導によって、生徒の行動を制限するようなものは不必要だと思っています。

内田　その考えは学校ではどんな反応されるでしょうか。

SKR　今の学校では、おそらく反対されると思います。私も分掌に入っていた生徒指導部から「制服・私服の選択制」について提案したのですが、管理職等の会議に出たはずなのですが、私が気付いたころには議論すらなくなっていて、おそらく管理職らの立場で何か反対に合ったのだろうなと思っています。

内田　理由までは分かりませんか？

ＳＫＲ　あまりにも生徒指導部の主任がかなり険しい表情で帰ってきたので聞けませんでした。

内田　いえ、ありがとうございます。私のように遠くから見ていると、「校則って全く動いていないんだな」と思っていたのですが、実はＳＫＲさんのその件のように葛藤も含めて動いていらっしゃる先生もいらっしゃるのだな、と感じました。傍から見ていると分からないですね。軒並み変わっていませんから。

たまに話題になってるのは人権の保護の上でもおかしなものばかりで、もう少し踏み込んだ、制服などの議論は起きていないものだと思っていましたが、もしかしたら動きは起きているけれどもポシャっている、あるいは先生も葛藤を抱えつつ現状維持が続いている状況にある気もしました。

ＴＮＴ　私もＳＫＲさんが言われたように、標準服があって、好きなものを着ればいいと思います。

それでも一つ気にしておきたいことがあって、昔、スカートを短くつめていた生徒に、教師が「あなたの太い脚なんか見たくない」と怒った先生がいました。この発言自体がハラスメントで、問題です。しかし加えてそのときの生徒の返答が頭に残っています。「私だってこんな短くスカートをはきたくない」と。

いろいろ話を聞くと、制服しかない状況で、いわゆるオシャレな着こなしをしているか否かで、所属する集団から弾かれてしまうケースがありまして、これはいわゆる「スクールカースト」につながっていたのでした。「短くしないと仲間に入れてもらえない。だから仕方なくしているのに、『見たくない』とか言われて悔しくて」とその生徒は泣いていました。複層的な問題でもあるのです。当時の私は「ああ、全員一律に指導しないからダメなんだ。ちゃんと全員を短くしないように指導しないといけないのだ」と感じました。でも、そもそも制服がなければこのような問題は起きない、と今は考えています。

教師の私服への恐れは正当なもの?

TNT　先生方は「私服を許すととんでもない恰好をしてくるやつがいるだろう」と勝手に恐れている。でもおそらく、生徒はとんでもない恰好をしてきたら、周囲から浮くことを理解しているのです。派手な格好をしている、なめられたくなくて怖そうな服を着てくる生徒もいるでしょう。でもそれを、先生方が「ほら見たことか」となるのではなく、対話の機会にしていくべきなのではないかと思いました。

かつては、こうした生徒の心の変化を読み取るうえで、服装などの変化を見とるのは、有効な手段だったと思うのです。「目つきや表情が悪くなった」から次に「服装等が変わった」、だから変化の原因となっている心情に向き合おう、と。でも、今は「まず服装を指導する」。これでは心情の部分が全く解決していなくて、恰好だけ直すのなら、その指導は一体何のために行っているのでしょうか。

でも、一部の先生方は「恰好をちゃんとさせていれば、『荒れ』が始まらない」と信じている。本当は「荒れ」の兆候を検知するためのものではないのでしょうか。

内田　スカート短いのなら、それはなんでなのだろうと聞いて、その子の思いを理解していくきっかけだと。

TNT　最初は「どうしたの？」のはずなのに「違反じゃないか！　長くしなさい」などになっている。あの荒れた時代を立て直した先生方の中には、校則指導といいながら、心を見ていた指導をされていらっしゃった人もいたと認識しています。ある意味、ただだらしないだけの子はスルーしていたこともあったのです。

その下の世代の教師が、これを引き継いでおらず、「恰好」から入ると、教師と生徒の乖離や信頼関係が築けなくなることもあるのだと思いました。

内田　それはすごい分析ですね。見た目の問題ではなく心にアプローチするのが生徒指導。すでに私服率の高い長野県はいかがでしょうか。

制服でも私服でも「貧富の差」は見えるのでは

長野　長野は半々くらいの割合で、制服だけの学校と私服の学校があります。私は両方の学校に勤務したことがあります。私服の学校は形式的な制服もありません。制服のようなものを着ている生徒は、いわゆる「なんちゃって制服」です。

内田　それでいて普通に回っているのですか。

長野　先の生徒指導のコストと校則の観点で考えると、制服がない方が、着こなしについて指導しなくてよいので、指導に割くコストは少ないです。自由に選んだ服でいるので、指導の余地は全くありません。

一点、担任をしていたときに気になったのは、貧富の差がどうしても出てしまうことです。例えば、2、3日同じ服で登校してくる子。学校ジャージしか着てこられない子。それをコンプレックスに感じている子がいたとしても、担任としては助けてあげられないので、こちらも苦しい。

でも、最近気が付いたのですが、同じことは制服でも言えたのです。Yシャツを1枚しかもってないと毎日洗うので、他の子よりも先にボロボロになります。

内田　制服でも、目で見て分かるレベルで劣化するのですか。

長野　襟の黒ずみは家で洗っても落ちませんよね。スラックスも立ったり座ったりするとだんだんへたってきます。制服でも目に見えて変化します。どちらにしてもこの問題はあったのです。

両方のメリットデメリットを改めて子どもたち視点で考える必要があるでしょう。私は、子どもたちが自由に選べる、納得感をもって通える私服もOKというあり方がいいのではないかな、と思います。

内田　僕がもし制服を自由化するとしたときに、一番議論するべきところは、「貧富の差」が視覚化されるところにどう対応するか、だと懸念していました。明らかに貧富の差が顕在化するなら考えないわけにはいかない。でも、それは制服にしても課題なのですね。もちろん、貧富の差自体が問題なので、これはまた別の議論でもあるのですが。

もう一点聞きたいのは私服OKだと、めちゃくちゃ派手な人たちが登場し、オシャレなどの外見的な競争が激化するのではないか、これは結果的に先のTNTさんのお話のように、荒れにつながるのではないかとも懸念しているのです。「雑誌に載っていた服だ」「私も新しいの買わなきゃ」とかだんだんひどい状況になっていく。長野はどのような状況になっているのですか。

長野　今見える範囲では特にないです。突拍子もない派手な格好をしてくる子もまれにいますが、そのことで、「距離を置かれる」「人間関係が破綻する」などに一気につながることはあまりないです。服で人を判断する子どもたちではないですね。逆に服で人を判断するという価値観こそ子どもたちとともに考えるべき視点じゃないかと。

ちなみに、じゃあ私服だとどんな感じになるかというと、部活とか学校のジャージを着ている子が3割くらいいます。ほか7割は私服もしくは「なんちゃって制服」です。特定の部活動が、例えば野球部が学ランで合わせているような例もあります。ほかには、綺麗な私服をきている女の子の集団もあります。派手な男子も、地面につくような丈の服をオリジナリティあふれる形で着こなしている例もたまにあります。

服は価格だけでなく、こだわりがでるので、オシャレじゃないから貧しい、というようなことではないと感じます。むしろ、先ほど少し上がった「スクールカースト」という観点からは、確かに、華やかなきれいな服を着ているグループと、服装が地味な生徒の集まりなどは分かれると思います。

TNT　貧富の差は分かります。制服の学校にいますが、お古の制服も可ですので、それはもう最初から色が違いますよね。加えて例えば制服に痛みがでたときに、貧困家庭だと、お家の方がミシンで縫うなどもままならない場合もあり、本人が下手な裁縫で取り繕ってほつれが目立っているなどの状況もあります。気の毒なのだけど、買い替えるのは高いので、私服でもよいということで、ファストファッションだったらこの子でも買えて清潔に通えるのにな、と思います。

SKR　分かります。でも逆に、おさがりは貧富に限らず一定数いるので、そこまで可視化されないという意見もあります。ただ、服をメンテナンスできる環境であるか否かというのは、1～2年経つことによって見えてくるものということもあります。制服の方が見えづらいとは思いますが、見えるのは見えます。

長野　余談ですが、教員の身だしなみについて、長野県の公立高校には、そもそも教員の服飾規定がないので、先生方はわりと自由な恰好をしている印象があります。私も最初、教員になりたての時はスーツで行ってましたが、そのうちジャージになりました。そのことで何かとがめられることもないので、そうした「服装の自由」という意味では、私服校に通う生徒とあまり変わりません。

内田　制服についての意見、ありがとうございました。

6．高校はすでに多様　校則改革の一丁目一番地

内田　高校の方が多様だと思っていましたが、学校の改革のヒントは高校にあるのではないかと思いました。それぞれの当たり前があって運用されていること、これは逆に言うと、統一されたルールが必要ではないという証左にも感じるのです。ガチガチの校則のある自治体と、緩い自治体の学校の様子などを比較するだけでいろいろと見えてくるのではないかな、と感じています。ありがとうございました。子どもたちが安心安全にいられる学校を作っていくということを目標に今後も研究を進めようと思いました。

TNT　長野さんの話を聞いて、緩くしても回っている県があるということを知るだけで、だいぶ変わるのではないかと思いました。ありがとうございました。

長野　楽しかったです。別の世界を知るというのは大事で、校則がないから良いとか悪いの話ではないのですよね。指導の在り方に生かしていければいいなと思っています。

SKR　緩くても円滑に運用できる可能性もあるのだと感じました。学校で校則の話題がでたときには、今日聞いた話などを参考に、子どもたちのためになるような提案をしていきたいなと思います。

i　https://www.nbs-tv.co.jp/news/articles/2021061400000002.php
ＮＢＳ長野放送『【特集】高校の「私服率」長野県50％　突出して全国1位　背景探ると……戦後に二つの大きな「契機」』2021/6/14

ii　https://www.mext.go.jp/content/20210624-mext_jidou01-000016155_001.pdf
文部科学省「校則の見直し等に関する取組事例について」

iii　https://prtimes.jp/main/html/rd/p/000000665.000000983.html
ＣＣＣマーケティングカンパニー『【〝選べる制服〟について考えるキャンペーン第三弾】日本全国4割の高校が「女子のスラックス制服」を採用　〝選べる制服〟採用率を初調査！　トップ3は「長野県」「滋賀県」「神奈川県」』2021/9/9

iv　https://edupedia.jp/article/5adc5dc232850a0000716e48
matui hiroshi（Edupedia 編集部）『校内暴力とは何だったのか　～１９８０年代教育暗黒史』2018/4/22

「個人の尊厳が守られる学校」を実現するために

NPO法人ストップいじめ！ナビ理事・弁護士　真下麻里子

「明日は『自分らしい服装』で出勤してください」勤務先からそう求められて戸惑わない大人はどれくらいいるだろう。「『自分らしい』って何？」と思う人もいるかもしれない。「私」のことを決められるのは「私」しかいないのに、「私の気持ち」に従って行動するのは心細い。「社会人としてこうあるべき」、「TPOをわきまえるべき」、「良い印象を持たれるべき」、「周りからの要求には応えるべき」等、たくさんの「すべき」は瞬時に思い浮かぶけれど、自分の「したい」を問われると途端に明言を避けたくなる。そんな大人も多いだろう。

日本国憲法において私たちは、「内心の自由」（第19条）が保障されている。私たちは、心の中で何を思っても感じても、それが行為として外に出ない限り〝絶対的に〟自由だ。「思うこと」「感じること」は、私たちの人格や尊厳を支える重要な要素であるから、この国の法体系上、「内心」は極めて尊い価値であると考えられている。

この点「すべき」という概念は、多くの場合「（あなたがどう感じるかはさておき）

この規範に従いなさい」という意味合いを含む。そこに相手の「内心」に対する配慮はない。だから、他人や自分自身から向けられる「すべき」が多ければ多いほど、「私」は自分の内心、すなわち「感じる」ことに価値を置かなくなる。そして、「私」の「したい」は失われていく。

服装の件に限らず、今の教育現場はあまりに「すべき」が多いと思う。そして、それが子どもたちへの「あなたの内心は価値が低い」というメッセージになってしまっていることに多くの大人が気付いていない。例えば、「中高生らしくすべき」というのは、「あなたがどう『したい』かよりも、他人からどう『評価されるか』の方が重要」と言っているに等しい。私たちはこうした「あなたの内心よりも、〝他者の意図〟の方が重要」というメッセージを子どものころから大量に受け取り、内在化させ、自分自身にも他人にも向け続けている。

いつまでこの「すべき」優位の社会を続けるのか。自分を信じ、相手を信じることでその「すべき」を手放せないか。子どもたちに「あなたが〝どうしたいか〟が何より大切だ」と言ってあげられないか。目指したいのは、お互いの「したい」を尊重し合える「個人が尊重される社会」なのではないか。校則問題には、こうした重要な問いがいくつも含まれている。

実は、「個人が尊重される社会の実現」は、この国の法体系の究極的な目的ということができる。最高法規である日本国憲法が最も重視している価値が「個人の尊厳」

（第13条）だからだ。その下位規範である法律は、基本的には〝個人の尊厳を守るための手段〟として存在している。権力者の統治しやすさのためだけにあるわけではけっしてない。

そのため法律には、個人を尊重するための知恵がたくさん詰まっており、私はこうした知恵こそ教育現場に生かされたらよいと考えている。

校則問題についても生かせる知恵は多々あるが、ここでは「改正手続」について触れたい。現在、校則はその内容により多くの注目が集まっており、改正手続まで検討している例が少ないように見えるからだ。

そして近年、生徒主体の学校づくりという趣旨のもと、生徒を校則の改正に関わらせている例は多い。ただ他方で、どの校則なら生徒の意見で変えられるのか、誰をどの程度説得すればよいのか、といったゴールが示されないまま動き始めている例も多い。結果、生徒会が苦労して生徒の意見を集約させたにもかかわらず、学校に全く動いてもらえなかった例は後を絶たない。また、生徒と教員の間で「変えたい校則」が一致し、実際に一部の改正に至ったものの、あくまで今回限りの限定的なものであり、生徒主体の改正が制度として整備されていない例もある。

こうした難題を克服し、真の意味での〝生徒主体の学校づくり〟を実現するアイデアの一つが改正手続の整備である。あらかじめ「どの校則を、どのような手順で、誰のどの程度の賛同を得れば改正できるか」を明示する。そうすれば、生徒たちは何をクリアすればゴールにたどり着けるかを明確に意識できる。改正できた理由、できなかった理由がうやむやになることはないし、「声の大きい人の意見だけが通る」とか、逆に「影響力の大きい少数の人が合理的な理由なく反対して進まない」といった不公平などもなくなる（もちろん、〝みんなの納得〟へ向けた丁寧な議論や対話は不可欠だ）。つまり改正手続は、校則改正の流れにおけるブラックボックスを著しく減らし、公平性・透明性を担保する役割を担うことができる。

なお、改正手続を整備するからといって、全ての校則が生徒の自由な意思に自動的に委ねられるわけではない。定足数や決議要件等を調整することで「変えやすい校則」と「変えにくい校則（学校として簡単には変えて欲しくない校則）」を分けることも可能だ。むしろ、改正手続を整備していく過程で、学校が校則のどの条項を「譲れない」と考え、どの条項を「生徒に任せてもよい」と考えるか、各学校の想いや信念が明確になっていくだろう。大切なのは、「すべき」で生徒たちを一方的に縛りつけることでも、生徒や保護者たちの「したい」の言いなりになることでもない。学校側の「したい（してほしい）」と生徒側の「したい（してほしい）」を正面から論じて丁寧に調整していくことだ。

だから、「まだ校内でそれほど大きな議論が起きていない学校」ほど、改正手続の整備から着手してほしい。その中できっと学校側の「したい」の濃淡が明確になっていくだろう。もちろん、学校側が校則改正の手順を明示することは生徒主体の学校づくりへ向けた生徒たちのモチベーションを上げることにも繋がる。「学校は道筋を示したよ。後は自分たちの力で変えていきなさい」という強いメッセージにもなると思う。

現状、学校は校則に関し、大きな権限を持っている。それは同時に、学校が子どもたちに対して大きな責任を担っていることをも意味する。だから、学校と子どもたちはけっして対等ではない。賛否や議論の余地はあるものの、学校は〝大人側の事情〟をある程度優先させてよい立場にあると言えるだろう。

でもだからこそ、校則問題は〝大人側の問題〟なのだ。学校が変わるも変わらないも大人次第だ。この問題の本質が、「大人は、子どもを信じて任せられるか。そう決断する自分たちを信じられるか」という点に尽きることを、どうか忘れないでほしい。

COLUMN

外国との比較からみた日本の校則

武庫川女子大学准教授　大津尚志

日本の「校則」はそもそも法令上の定めのないものである。各学校によって形式も内容も分量も様々である。その起源は明治時代にはじまるといえるがその当時から「生徒心得」という名称が使われていて、今日においてもそう呼ばれることが多い。それは、生徒が守るべき「心得」であるから、学校が一方的に定めるもの、と見做されているところがある。一方で、生徒の服装や髪型を制限する、行動を制限する「規則」として受け取られているところがある。

フランス・アメリカ合衆国の校則（にあたるもの）はいずれも「規則」としてとらえられている。「生徒の権利」が明記されている。生徒だけでなく、親・保護者、教職員など学校関係者の権利が書かれていることもある。学校という場で、生徒と大人が互いの権利を尊重するため、共同生活を行うためのルールとしての校則である。

アメリカの場合は「生徒の権利と責任」等と名付けられている冊子（ハンドブック）がつくられる。ある学区の公立学校規則では「学校はすべての個人の権利が平等に公正にあつかわれることを尊重する。いかなる個人も人種、皮膚の色、性、年齢、出自となる国、宗教、性的思考、性自認にもとづき差別されないこと、表現の自由の範囲内での性的な表現と制限、手続きとデュープロセス、個人の権利としての学校プログラムへアクセスを確保する。」とある。生徒の権利としては「無償の公教育をうける」「安全で薬物のない、いじめのない、多様性を尊重する学習環境」「意味のある表現、出版、集会、宗教の自由を満喫できる」「懲戒をうけるときのデュープロセス」などが挙げられている。生徒の責任としては「安全で秩序ある学習環境を保持すること」「生徒の振舞いや学業成績に関する学区、学校の規則を知り従うこと」「毎日学校に時間通り登校して学習の準備をすること」などである。例えば服装規定にせよ「学校の機能をはたすための服装規定に合致させること」とある。例えば極端に露出の多い服装は制限されることはあるが、それは「学習の場」としての学校の環境の保持のため、という目的に合致したものである。服装の色を制限するものはない。宗教的多様性への配慮も多くなされる。「生徒は宗教的な装身具を着用することができる」という規定もある。性教育やAIDS教育に関しては、親が書面を提出することにより拒否することができる。

フランスの場合、ある高校の校則では「すべての生徒は個人の権利を持つ。それは、身体のもとのままの状態を尊重されること、良心、労働、財産の自由、他者への寛容と尊重の精神にもとづく意見の自由を尊重することである。」とある。「生徒の表現、集会、出版、結社の自由」が高校の校則では必ずといってよいほど明記されている。責務としては、「勤勉」「他人を尊重すること」「暴力をふるわないこと」などが書かれている。フランスの場合は校則に盛り込むべき内容は国民教育省の通知で定められているゆえ、およそどの学校の校則にも盛り込まれる内容は概ね決まっている。重要なことが校則以外のところで決まっている、ということはない。

両国にとって校則は「規則」である。憲法、法律、政令、判例、行政機関の方針などが引用されることも多い。校則はあくまで法令の下位規則であって、法令に反する校則をつくることはない。フランスのある高校の校則では、出版の自由については「高校生による出版物は校内で自由に配布することができる。1881年の出版の自由法にもとづき、事前に検閲されることなく、多元主義の尊重のもとにこの自由は行使される。」と規定している。校則と法令は矛盾がないように策定される。校則は自由、平等、人権の尊重など「共和国の価値」を実現するためのものである。例えば「私生活の尊重」の規定も共和国の価値の一つである「自由」の実現の一環である。フランスの校則は生徒の学校外の生活については一切介入しない。

服装（見だしなみ）規定についてみると、米仏ともに制服を定めていない場合がほとんどである。アメリカの場合ある学区では、「あらゆる服装は、不敬、わいせつ、不法行為や暴力をあおる語句や文章がかかれているものであってはならない。」「あらゆる服装は下着を覆うものでなければならない。」など「教育的な環境を保持するため」の合理的な範囲の制限にとどめられている。「アクセサリーは、健康や安全の妨げになる場合、学校の建物や備品を傷つけるという場合は制限される。その場合は、生徒は覆いをつけるか、宝石をはずすかをしなければならない。」などと、制限がある場合も危害が発生する場合に限られ、最小限の規制にとどめるように注意が払われている。

フランスの服装規定は「中学校において、適切なもの」と定めるなど、特別の規定はない場合がほとんどである。体育の時間のために、「服装はきちんとして、活動に適したもの。宝石をつけている場合ははずすこと。」、理科の実験の時間は「長袖」などの「特別な時間のための規定」がおかれることはある。

アメリカの場合、「生徒の権利」と対置されるのは「生徒の責任（responsibility）」である。ある学区では「生徒の権利と責任に関する冊子をよくよみ、中身を知っておくこと。」「学校スタッフの指示に従うこと。教師、管理職、職員、学校ボランティアの要求に応じること。」「学区のルールにしたがうこと。」「自分の権利および他者の権利を保持しながら、学校の安全な環境を守ること。」「冊子に説明されている方針や期待を理解したうえで、学校管理者の助けを求めること。」とある。

フランスの場合、「生徒の権利」と対置されるのは「生徒の責務（obligation）」である。「勤勉の責務」「他者を尊重する責務」「学校においてあらゆる暴力をふるわない責務」「生活の枠組みを尊重する責務」などが挙げられる。教育法典L511-1

は「学業にかかわる務めを果たすことは生徒の責務である。それは、勤勉であることと、学校の機能、施設の共同生活のための規則を尊重することを含む」と規定している。「勤勉の責務」から「すべての授業をうける責務」が導かれる。フランスではアメリカと異なり宗教上の理由などでの授業拒否は認められない。

両国ともに学校教育の目的である、「教育をうける権利の保障」のための規則であり、その点は一貫している。基本的には生徒の自由を尊重しつつ、最低限度の規制はかけようとする。「合理的な説明が難しい校則」「校則のための校則」を除去していくためには、両国の動向をより詳しくみることは有益と考える。

【参考文献】

大津尚志『校則を考える』晃洋書房、2021年。

日本社会に人権意識を

日本若者協議会代表理事　室橋祐貴

日本社会に「人権意識」が根付いている、そう胸を張って言える人はどれほどいるだろうか。「あなたはどんな権利を持っているか知っていますか？」そう問い直しても良いかもしれない。公益社団法人セーブ・ザ・チルドレンが２０１９年夏に全国の15歳から80代までの３万人を対象に実施した子どもの権利に関するアンケート調査結果『子どもの権利条約 採択30年 日本批准25年 ３万人アンケートから見る 子どもの権利に関する意識』によると、子どもの権利条約に関して、子ども８・９％、大人２・２％だけが「内容までよく知っている」と回答し、子ども31・５％、大人42・９％が「聞いたことがない」と回答した。そもそも人々の権利を知っていなければ、権利を行使することも、互いに尊重することも難しい。子どもの権利が尊重されていない、その最たる例が学校の校則だ。日本では、学校の中に入ると、たとえば憲法第13条によって保障されている自己決定権は制約され、学校が決めた髪型や服装のルールに従わなければならないと、社会通念上認められている。

校則を変えようにも、校則を変えるルールが存在せず、児童生徒が校則変更に直接関われる機会は極めて乏しい。こうした、学校当局は「特別に強められ、高められた権力主体」として、生徒に対して包括的支配権を有するという、「特別権力関係論」は、明治憲法下にドイツから輸入されてきた。しかしその後、諸外国においてはこの考え方が大きく見直され、輸入元となったドイツでは、1973年に「学校における生徒の位置付けについて」を常設文部大臣会議で決議して、学校と生徒との関係にあった「特別権力関係」を廃止して、「学校関係」（生徒も一般市民の法律と同じルールとする）に転換した。さらに、1974年には「学校参加法」が定められ、子どもが学校運営に参加することが法的に保障されることとなった。同様に、アメリカでは、1969年のアメリカ連邦最高裁判所判決（ティンカー事件）によって、学校内においても、子どもは憲法の保障の下、つまり子どもの人権が保障されることを認めている。「われわれのシステムにおいては、公立学校は全体主義の飛び地であってはならない。学校職員は生徒に対して絶対的な権力を有するものではない。生徒は学校においても、学校外におけると同じく、わが憲法の保障の下にある人間なのである。彼等は州が尊重しなければならない基本的な権利を享受している。それはあたかも、生徒が州に対する義務を遵守しなければならないのと同様である」。

一方、日本においては、「特別関係論」に近い「部分社会論」という、自律的な団体の内部では、一般社会の規律とは異なる規律が認められ、そこには司法の審査権が及ばないという考え方が今でもとられ続けている。さらに、教職員の間でも、世界的な流れとは逆行し、反民主化の方向に進んでいる。2000年の学校教育法施行改正では、校長権限が強化され、職員会議は「校長の補助機関」となり、東京都教育委員会（以下、都教委）は2006年に職員会議で教職員の意思を挙手や採決で確認することを禁止した。文部科学省も2014年に都教委と同じ内容の通知を出し、翌年にはそれが守られているかどうかの全国調査を実施して守っていない学校には是正させた。こうして職員会議で教職員が自由に議論して決定していくことがなくなっていき、校則を含む学校運営のすべては「校長が決める」という現状になってきている。

このように、学校においては、憲法や民主主義について教科書で教える一方で、実際の学校現場では、人々の人権が軽視され、民主主義、集団に属する個々人が対等な立場で意思決定に参画することも尊重されていない。こうした環境で育った子どもたちははたして、大人になって「人権」や「民主主義」を重視するのであろうか。筆者はそうは思わない。選挙のたびに、若者の政治離れが指摘されるが、その根底にあるのは、義務教育過程を通して、民主主義を体験し、その重要性を認識していないからだと考えている。

学校に、ひいては日本社会に、「人権意識」と「民主主義」を根付かせる、その重要な要素が、校則問題には詰まっている。だからこそ、筆者が代表理事を務める日本若者協議会では、2020年8月に「学校内民主主義を考える検討会議」を、

2021年6月に「校則見直しガイドライン作成検討会議」を立ち上げ、各提言やガイドラインを通して、こうした考えを学校や日本社会に根付かせようとしている。そして、国連子どもの権利委員会が各国に対し、学校の意思決定に子どもが参加することを、学校側の善意に頼るのでなく、法制化する必要があると勧告しているように、世界各国では、法律で子どもの学校運営への参画を定めている。日本でも、国民民主党の山尾志桜里衆議院議員（当時）らと、「校内民主主義・男女平等法案」をまとめ、法案成立を目指している。この法案では、憲法で保障されている基本的人権が学校内でも当然適用されること、民主的で公正な学校運営を行うこと、校則を公表すること等を定めている。日本では、少しぐらい残業代未払いや嫌がらせがあっても、権利を主張するよりも、泣き寝入りする人が多い。そもそも労働者の権利を知らずに、正当な権利を主張していく方法も知らない。こうした、憲法や法律で保障されている人々の権利、労働者・主権者としての権利主張の仕方は、本来義務教育を通して学ぶべきである。それは単に座学で学ぶのではなく、日々の集団（学校）生活において実感できるようにしなければならない。日本は、人権と民主主義が尊重される、真の意味での近代国家になれるのか、その転換点にいると言っても過言ではない。

第６章

個性尊重のために先生が闘った

内田　良

1　市長が制服を強制

1996年のこと、関西圏のとある小さな市が、小学校と中学校の制服購入費を予算化して、制服の着用を義務化するという驚きの方針を決定した。

もともと同市の小中学校では、全員が私服であった。同年2月に制服購入費が予算案に計上されて、これを新聞各紙が報じ、当時は全国的な話題として知られることになった。文部省（当時）によると「全国的にも珍しい試み」（朝日新聞、大阪朝刊、1996年3月1日付）であり、各紙の記事本数は1年ほどの間に計100本を上回った。海を越えて、アメリカのワシントン・ポストにも取り上げられたほどである。

それらの報道によると、市は新年度予算案に、小学校と中学校の制服購入費用として約一千万円を計上し、ブレザー型の上着を支給して授業中などに着用させ、胸元には名前を明示することなどを提案した。当時進められていた学校の施設開放の取組において、外部から学校に入ってくるさまざまな人たちとの区別を容易にするためというのが、市側の表向けの理由であった。

だが実際は、市長が学校の服装の乱れを正すべく、教育委員会に働きかけたからだという。市長が教育行政に直接的に介入している点で、制服強制以前の大問題がここにあるのだが、そのことは置いておこう。市長は、卒業式や入学式にジャージで参加している者が一部いることを見聞きしていた。「服装の乱れが目に余る」として、その現状を正すべく強権的に制服の義務化を進めたのであった。

初期の報道では学校の施設開放という理由も語られていたが、それはすぐに消え失せた。以降、学校の服装は実際に乱れているのか、制服を強制すべきなのかなどについて、論争がくり広げられた。

この市側の強硬姿勢に対して、「個性尊重の時代に逆行」「管理・統制の強化」と真っ向から抵抗して闘ったのが、学校の教員であった。教職員組合が反対運動を主導し、市の方針が決定されて一週間後には駅前で決起集会を開き、市役所までの約1㎞をデモ行進した。『制服着用反対』　先生200人がデモ」と見出しが打たれた記事では、「制服を作るお金があるなら、学校のカーテンの破れを直してほしい」(毎日新聞、中部朝刊、1996年3月9日)と予算の使いみちを問題視する小学校教員の訴えが紹介されている。

組合は、保護者を巻き込みつつ、計画撤回を求める署名活動にも迅速に取り組んだ。上述のデモ行進の時点で教職員全体の7割から署名を集めており、3月下旬にはそれが9割に達したという。市長による学校の制服強制に対して、ほとんどの教職員がNOを突きつける結果となった。予算案は3月28日に可決されたものの、それでも着用を受け入れない教職員と、着用を義務付けたい市との間で、論争はつづいた。

2 義務化が阻止された

制服論争の過程では、そもそも着用を法的に義務付けられるのかが一つの論点となった。市には被服等貸与規則がもともと制定されていたが、同規則には「貸与を受けた者」の着用義務は記されていたが、貸与を受けることを強制する条項はなかった。自治省（当時）の見解では「制服の貸与を受けるのを、規則で義務付けられるかは疑問」とのことで、「着用を義務づける法令がなく、市は〝お願い〟する立場にしかない」状況にあった（毎日新聞、大阪朝刊、1996年3月29日）。

制服導入の是非をめぐっては、有識者らから成る検討委員会が同年6月に設置された。翌年3月までに計5回の会合が開かれ、最終答申が教育委員会に手渡された。従来からある「被服等貸与規則」では、希望者にはジャージやブレザー、運動靴が貸与されてきた。検討委員会は最終答申において、これまで希望者に配っていたブレザーを全員に貸与し、そのブレザーの着用に強制力はないものとした。

こうして一年間に及ぶ騒動を経て、市が提案した制服の義務化は実質的には頓挫することとなった。市長は一年間の議論により、学校の服装の乱れはすっかり収まったとして、態度を軟化させ、事態は収束した。

以上が、市長による公立小中学校の制服義務化騒動の顛末である。結果的にはほとんど何も変わらなかった。だが、先述のとおり当時の文部省によるとこうした事案は「全国的にも珍しい試み」であり、その新奇性ゆえに、騒動をめぐる一連の過程からは、今日の校則のあり方を考えるうえでのきわめて重要な示唆や教訓が多く得られる。

なぜ、「きわめて重要」なのか。それは、**この公立小中学校の制服義務化とは、子供の制服のことではなく、教員の制服のことであったからだ**。

私はここまで、あえてそのことが判明しないように言葉を選んで、事の経過を書き綴ってきた。ここ数年の校則見直しの議論の中心に生徒の制服が据えられているように、制服の強制／自由化といえばそれは生徒にとっての制服である。だがこの1996年の事案では、市が学校の教員に制服を義務付けようとした。

3　だれの個性か

1996年、舞台は大阪府の羽曳野市。同市の小学校14校と中学校6校（当時）に勤務する約570名の教職員に対して、市は制服着用の義務化を企図した。同年3月1日の各紙の夕刊で報じられた第一報の見出しは「大阪・羽曳野市立小中学校の先生に制服着用義務づけへ」（毎日新聞）、「羽曳野市が小中学校の先生に制服」（読売新聞）、「先生皆制服着用計画」（朝日新聞）とあるように、先生が制服を着させられることの新奇性が報じられた。

当時、多くの新聞記事に、教師の側から発せられた「個性尊重の時代に逆行」「管理・統制の強化」であるという言葉が記されている。またそれに関連して、教師以外からの、皮肉とも読める声の数々も掲載されている。

・神奈川県在住の30代主婦の意見

大阪府羽曳野市の教職員制服着用問題を興味を持って見ています。先生の制服の是非というより、先生は自分たちの制服問題を通して、生徒の制服問題も考えてくれるだろうか、という点です。

現場の教職員は、制服着用が「個性の尊重」「個の重視」という時代の流れに逆行するとして制服着用に反対しているそうです。しかし、そう主張している教職員たちは、言葉通り日ごろから生徒の個性を尊重するよう心掛けているでしょうか。（略）

先生方、自分たちの個性とともに、生徒の個性についてもお考え下さい。（読売新聞、東京朝刊、１９９６年3月14日）

・服飾デザイナーの森南海子氏の意見

スカート丈のチェックなど、教師らが子どもたちに強いてきた校則の重圧感が、肌で理解できるのではないかしら。制服そのものは個性を奪うから反対で、デザインの依頼があっても断ってきたんですが、この出来事はむしろ生徒をガチガチにしばってきた教師らへのいさめになると注目している。（朝日新聞、東京朝刊、１９９６年3月11日）

・「ＪＨＣ学校に不満を持つ子どもの会」代表世話人の良井竜さん（高校Ｉ年生）の意見

教師たちが制服を着ることのばかばかしさを肌で体験するのは実にすばらしい。おもしろいとみな喜んだ　略　マンガの世界と思っていたが本気のようで一大事。（朝日新聞、大阪朝刊、１９９６年3月8日）

これらの意見は、子供に厳格な校則指導をしてきた教師が、自分ごとになった途端に「個性の尊重」を主張することへの違和感を表明している。それと同時に、制服などの校則が生徒を拘束していることに気付いてほしいとの願いも込められている。「個性尊重の時代に逆行」「管理・統制の強化」と市に抵抗を示すならば、学校で教師が生徒に課している細かく厳格なルールについても見直すべきではないか。30代主婦の「先生は自分たちの制服問題を通して、生徒の制服問題も考えてくれるだろうか」という指摘は重い。

4 職員室の多様性、教室の画一性

当時の羽曳野市における小中学生の制服着用の実態については、関連の記事からは、情報があまり得られない。記事に示されている断片的な情報をつなぎあわせると、同市の中学校では基本的に生徒は制服着用であったようだ。小学校の状況は不明である。

制服自由化の歴史に詳しい、教育ジャーナリストの小林哲夫さんによると、制服着用義務に抗する動きは、１９６０年代から１９７０年代にかけて、北海道、東京都、長野県を中心に拡がった。[i] 羽曳野市の「先生の制服」騒動があった１９９０年代の時点でも、制服の自由化運動の気運はまだ残っていた。１９９０年に兵庫県の公立高校で遅刻取り締まりを目的として校門の門扉を閉めた際に、女子生徒が頭部を挟まれて死亡するという事件もあり、校則全般において、管理的な指導のあり方が全国的に問われていた。同時代に制服をはじめとする校則見直し運動に参加した経験がある読者も少なくないことだろう。羽曳野市においても、「先生の制服」の問題以前から一部の学校で制服などの校則を見直す動きは見られたようである。だが、全国に先駆けるような特段の新しい取り組みがあったわけではない。

先に示したとおり、当時の新聞紙上にみられた投書や識者の声には、教師が（市長に）拘束されることと、生徒が（教師に）拘束されることとを並べて問題視するものが多くみられた。

校則問題をめぐっては、「先生は化粧できて、中高生ができないのはおかしい」「生徒は水とお茶のみだけど、先生は職員室でコーヒーを飲んでいる」といった類の不満が、よく見聞きされる。学校にいるのだからという理由をもって、生徒と教師が同じルールのもとで過ごすべきだとまでは、私は思わない。

その理由は第一に、生徒も教師も同じにすべきというなら、ガチガチの服装・身なりの規定に従うべきという主張も成り立つ。学校に来る者すべてが服装・身なりを統一するのはあまりに窮屈だ。第二に、両者は立場がまったく異なるわけだから、たとえば教室の掃除をしていても、教師には労働の対価が支払われているが、子供にアルバイト代などが支給されることはない。制度上の立場が異なるという意味に限っては、生徒が制服、教師は私服という状況は理解できなくもない。

生徒と教師に同じルールが適用されるべきというよりも、改めて、憲法が保障する原則自由の観点から、生徒にも教師にも自由が保障されるべきと考えたい。

思い起こすと、ジャージからスーツまで職員室ほど多様な服装が見られる職場も珍しい。一方で教室空間は、見事に統一されている。職員室の多様性と、教室の画一性はあまりに対照的だ。

制服着用義務を教師が自分事に置き換えたとき、教師はどう感じ、どう反応したのか。「先生の制服」事案が教えてくれるのは、制服着用をはじめとして頭のてっぺんからつま先まで、その色や種類、形状などが厳格に指定されることをめぐって、学校の教職員は一丸となって「個性尊重の時代に逆行」「管理・統制の強化」という論理を用いて抵抗したということだ。その論理ははたして生徒に適用されてはならないのだろうか。

5 制服義務化騒動のその後

騒動が決着をみた1997年の4月、大阪教育大学教授（当時）の秋葉秀則氏と、羽曳野市教職員組合委員長（当時）の西村裕行氏は共著『日本をア然とさせた　教師の制服と教育』（フォーラム・A）を刊行した。市長による教育行政への介入、教師に対する管理・統制の強化などを戦後教育の観点から批判的に検討したうえで、制服の予算案計上から義務化阻止までの闘いの経過を描いている。

当時の反対運動を率いた西村氏は、一年間の活動を振り返り、生徒の制服着用について、こう書き綴っている。

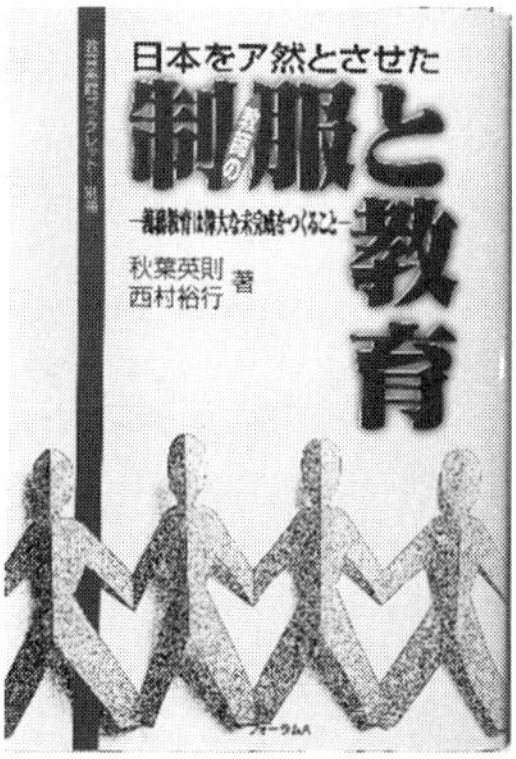

> 羽曳野市のすべての中学校ではジャージでの登校など、制服の自由化に向けて、いろんな試みがおこなわれています。
>
> このたたかいの最中、一年間、自由化に向けていろんな試みをしてきたK中学校が、二学期より制服の自由化を決定し実行にうつしました。この攻撃のなかわれわれ教職員は、おのずと子どもの制服についても関心を寄せざるを得なくなっています。

「先生の制服」騒動によって、先生の個性は尊重され、生徒の個性は抑圧されるという学校教育の当たり前にメスが入った。教師がみずから生徒に課している制服着用義務を強く意識せざるをえなくなり、中学校で生徒の制服の自由化が始まったという。

羽曳野市の制服をめぐる闘いは、けっして教師が自分たちの利益のみを求めて終わったのではない。騒動が一件落着して、報道自体は沈静化した。だがその後に教師は、生徒の個性尊重を求める動き、生徒の自由を保障する営みを展開していったことも、知られるべきである。

究極の理想をいえば、こうした動きは教師自身が、市から制服着用を強制される前に開始すべきだったかもしれない。だが「先生の制服」論争と歩みを合わせて、羽曳野市が「生徒の制服」自由化の舞台にもなったことは特筆に値する。

１９７０年代頃から学校では生徒指導上の有効性を重視して、制服着用の義務化が進められた。一方で保護者からは、強制的な制服着用を疑問視する見解が語られ始め、着用義務化は服装選択の自由を侵害するものであるとの批判もあった。[ii] 管理強化とその反動としての自由化を求める動きが併存していたといえる。

制服を含む校則全般の見直しを求める主張は１９９０年代頃までつづく。学校は基本的に校則を厳格化して子供を拘束する側に立っていたが、必ずしも全面的に校則強化に向いていたわけでもない。

１９８０年代当時、全国の学校教職員の５割が加入していた日本教職員組合では、研究機関「国民教育研究所」（組合が１９５７年設立）が、校則強化を重大な問題に位置付けており、「校則による管理強化が人間関係阻害」と題して中高生・教職員対象の調査結果を発表[iii]するなど、積極的な調査と啓発が進められていた。

6 教師からの呼びかけによる制服自由化

１９７０〜１９９０年代頃までの校則改革の機運に乗じて、羽曳野市の中学校においても生徒の制服自由化が検討され、実行に移された。その代表的存在が、羽曳野市立誉田（こんだ）中学校だ。同中学校の実践は、校則見直しの先駆的事例として、また本書全体のねらいを確認するための事例として、示唆に富んでいる。

同中学校の校則見直しは、「服装の自由化　大阪の誉田中学校で実施　平野北中学校で試行」と題して、毎日新聞（高知版、１９９９年5月10日）が詳しく報じている。

94年度から3年間の試行を経て、「標準服・普段着併用」を実施している羽曳野市立誉田中学校（仲村幸雄校長、６７７人）では、教員の呼びかけで制服自由化論議が起こった。「生徒の方が『そんなことできるんか』と半信半疑だった」と、生徒指導主事の西村昌司教諭は笑う。「画一化した教育の改革につなげたい、生徒が自分らしく輝くようにしたい、という思いがあった。制服は割高だし、1着だけだとクリーニングにも出せないという合理的な考え方もあった」と同教諭は話す。

（波線は筆者）

誉田中学校の制服自由化には、教員からのはたらきかけが大きく影響した。むしろ生徒の側が「そんなことできるんか」と反応したという。

自由化には当然のことながら、賛否があった。

同校でも自由化に対し、保護者や地域から消極的な声が上がったが、「やってみて、問題が起きれば再考しよう」と試行に踏み切った。しかし、「別にどうということはない」というのが、生徒や教職員、保護者の大部分の結論で、普段着併用が定着していった。

両校（筆者注：誉田中学校と大阪市立平野北中学校）とも制服が好きな生徒は、学校指定の標準服を着る。また、気分や天候などに応じて、普段着と制服を使い分ける生徒も多い。また、自由化による思わぬ効用も。登校に消極的だった生徒が、普段着を着ることで生き生きと登校できるようになった。身体に障害のある生徒や体の大きな生徒も、自分に合った服を着ることでリラックスできるというメリットもあるという。

制服の自由化に際しては決まって発せられるのが、「学校が荒れる」という懸念だ。誉田中学校では、試行期間中になにかトラブルが生じることもなく、私服の併用へとスムーズに移行した。制服を着る生徒もいれば、私服の生徒もいる。とくになにかが起きることもない。

これは今日、実際に制服と私服を併用している学校でよくみられる光景だ。学校指定の制服やジャージなどを着用する生徒もいれば、私服を着用する生徒もいる。クラスに一人や二人は、毎日気合を入れておしゃれしてくる生徒もいるけれども、それはそれだ。おしゃれな生徒にクラス全体が巻き込まれていくこともない。結局のところ、「別にどうということはない」のだ。

これは教師の立場からすると、服装・頭髪チェックという日々の細かな業務が丸ごとなくなることを意味する。服の色や着こなし方、髪の長さや留め方など、それらの規定が細かくまた厳格であるほど、「違反」が生じる。正しさの基準をたくさん設けて取り締まるからこそ、違反が増え、それを指導せざるをえなくなる。それらの規定がなければ、そこにはただ個性や多様性があるだけで、指導は不要となる。学校の働き方改革の観点からも、校則の抜本的な見直しの利点は大きい。

また、制服には「割高だし、1着だけだとクリーニングにも出せない」という問題もある。制服の下に着るシャツ、さらには持ち物までも学校指定であることも多く、一式で5万円は優に超えて10万円に達することも珍しくない。しかも3年間限定でしか使用できないから、汎用性がない。

「思わぬ効用」もある。体格の大きな生徒や障害をもつ生徒も自分に合った服装ができる。これは、今日全国的に広がりをみせているジェンダーレス制服（とくにボトムスについて、スラックスとスカートを選べるようにする）にも当てはまる。自分の心や体の状況に合わせて服装が選べる。制服で苦しんできた生徒にとって、制服の自由化は安心な学校生活を提供する。

そして制服の強制性を緩和することは、日本の未来を担う子供を育てる点で、今日的な意義がある。統一された身なりを好む立場からすれば、私服の生徒はだらしないように見えるかもしれない。だが見方を変えれば、それは自立した生徒を育てる営みでもある。

西村教諭は「社会的なマナー、エチケットが自然に身についてきた」と指摘する。卒業式や入学式は両校とも「フォーマルな服装で」と指導。学校の〝冠婚葬祭〟に当たる行事にはどのような服装がふさわしいのか、生徒自身が判断できるようになってきた。

厳格な校則とはすなわち、上から指示された身なりをそのまま受け入れる子供を育てることになる。記事にあるとおり、「フォーマルな服装で」とゆるやかなドレスコードだけ定めておけば、子供はその範囲でその場にふさわしい身なりをしてくる。「生徒自身が判断できる」ことに重きをおくのが、制服自由化の教育上のねらいである。

以上見てきたように、誉田中学校における生徒の制服自由化は、まるで今日の校則見直しに関する記事を読んでいるかのようにみえてくる。逆に言えば、校則をとりまく状況は、1990年代後半からほとんど進展がないともいえる。

7 進展なき校則問題

「生徒自身が判断できる」ことの大切さ、自分自身で考えることの意義を感じさせてくれる一書に、『学校ってなんだ！：日本の教育はなぜ息苦しいのか』（講談社、2021）がある。前麹町中学校長の工藤勇一さんと演出家の鴻上尚史さんが、学校の当たり前を問い直すべく、刺激いっぱいの対話をくり広げている。

私にとって同書は、「希望と絶望のフルパッケージ」である。学校教育のオピニオンリーダーたる工藤さんと鴻上さんが、学校の息苦しいきまりや慣行の問題点を明瞭に描き出している点で、本書は救いの書であり、お二人に希望を託さずにはいられない。

一方で、校則について鴻上さんが中高生時代に、工藤さんが若手教員時代に違和感を抱いた過去のエピソードが、まるで最新の議論であるかのように錯覚する。

鴻上さんがこだわるのは「中学生らしさ」という謎の基準である。中学校時代に「どうして、リボンの色は黒と茶だけで、幅が2センチと決まっているんですか？」といったように校則の存在理由を教師にたずねると「最終的に出てくるのは、『中学生らしくない』という言葉」であり、「この言葉はやがて『高校生らしくない』『○○中学の生徒らしくない』『○○高校の生徒にふさわしい服装と態度で』と続きました」と振り返っている。私が、まさにいま抱いている違和感と同じだ。

私が知る事例では、とある中学校の生徒総会で、生徒から「女子のストッキングは、黒色はダメなのですか」と要望されたとき、生徒会長は「中学生らしい身だしなみから逸脱してしまう」との理由でその要望を受け付けなかった。「中学生らしさ」という、よく分からない価値基準は、厳格な校則を存続させるさいの切り札である。その切り札は、鴻上さんが中学生だった頃からずっと通用しつづけているようだ。

また工藤さんは若手教員時代に、生徒会主体による校則の見直し実践に「むなしさ」をおぼえたと述べている。「たかだか黒い靴下しか認められていなかったものを、白の靴下でもオーケーにする（略）たったそれだけのことですよ。にもかかわらず、ものすごい熱量と時間を費やしてしまう」と感じたという。

この言葉は、私にとって本当に衝撃的だった。なぜなら、私が本書を企画するきっかけの一つが、まさにこの校則見直しの「むなしさ」にあったからだ。

校則見直しの実践はいま、美談に覆われている。生徒会が自分たちの力で校則を変えたのだと、マスコミも教育学者も、すばらしい実践だとほめたたえる。

ただ、靴下の色を増やすことくらい、校長がいますぐにでも「明日から、靴下は何色でもよい」といえば済むことだ。生徒会が何か月にもわたって、教師や校長からの差し戻しにあいながらも、見直しの提案をつづけて、ようやく靴下の色が一つ増える。あまりにコストパフォーマンスの悪い取り組みである。

コスパの悪い校則見直し実践は、教師がいかに絶大な権力を有しているかを映し出してい

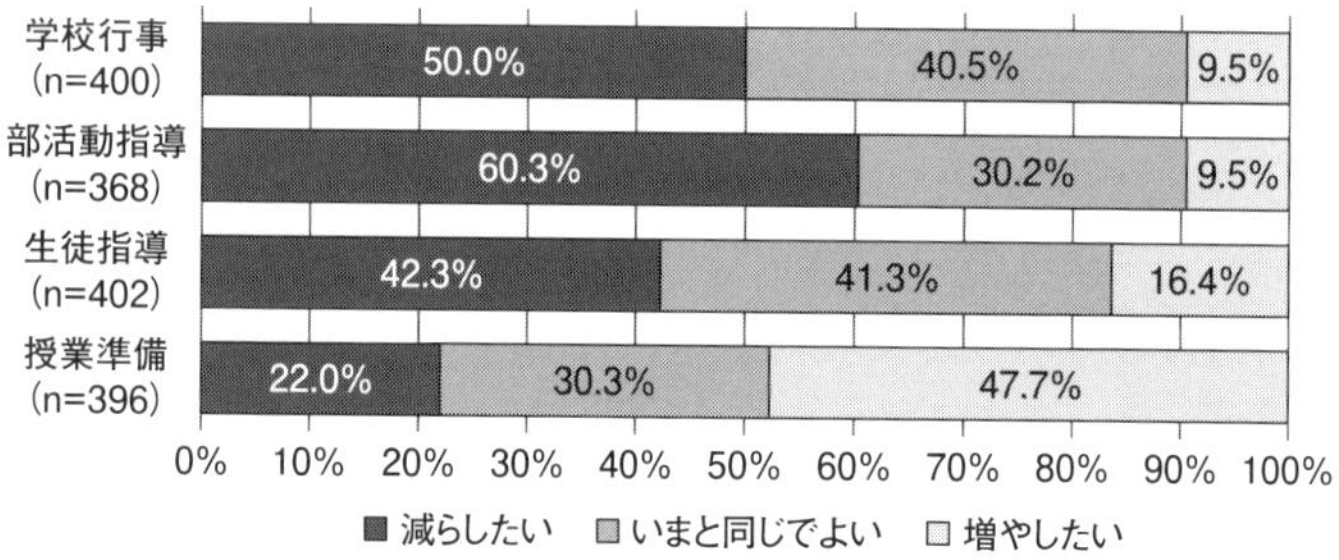

図１　次の業務に確保すべき時間を増やしたいか、減らしたいか

る。強権的な支配体制のもとでは、半年かけても靴下の色が一つ変えられるかどうかなのだ。こうした実践を、美談化するわけにはいかない。

また生徒はもちろんのこと、生徒とともに議論をつづける教師にとっても、負荷が大きい。教師の長時間労働が問題視されるなかにあって、莫大なコストをかけたわりに最小限のパフォーマンスしか得られないままに校則の見直し実践が終わるのだとすれば、むしろ実践しないほうがましとさえいえる。

私が２０２１年8月に共同研究のプロジェクトとして全国のウェブモニター（中学校教員を抽出）を対象に実施したアンケート調査[iv]では、学校の業務として確保すべき時間を増やしたいか減らしたいかたずねたところ、本務である授業準備は半数近くが増やしたいと回答した一方、生徒指導は4割強が減らしたいと回答した（図1）。時間と労力を浪費して、靴下の色しか変わらないような取り組みでは、仮に校則を変えたいと思っている教員がいても、やる気が失せてしまう。

「中学生らしさ」という強引な切り札と、マイナーチェンジしか認められない見直し実践、これら私がいま校則問題に取り組むなかでたどり着いた問題意識が、鴻上さんや工藤さんが感じた数十年前の違和感と、何ら変わっていない。不自由な校則は、安定的に再生産されている。絶望としか言いようがない。

8 大人が保守的

2020年にはじまる新型コロナウイルスの感染拡大は、制服のあり方を再考するきっかけとなった。なぜなら、学校では夏も冬も換気のために窓を開けざるを得ない。服装を柔軟に着こなすことが必要となった。また、ウイルスの付着を想定すると、できるだけ洗いやすい服装のほうが便利でもあった。

岐阜北高校では、コロナ禍における暑さ・寒さ対策ならびに衛生面の配慮から、柔軟に着こなせる私服の利便性が認識されるようになり、それが制服着用という学校の当たり前を問うことにつながった。

「制服について考える週間」と銘打たれた制服自由化の試行期間を経て、同校の生徒会は

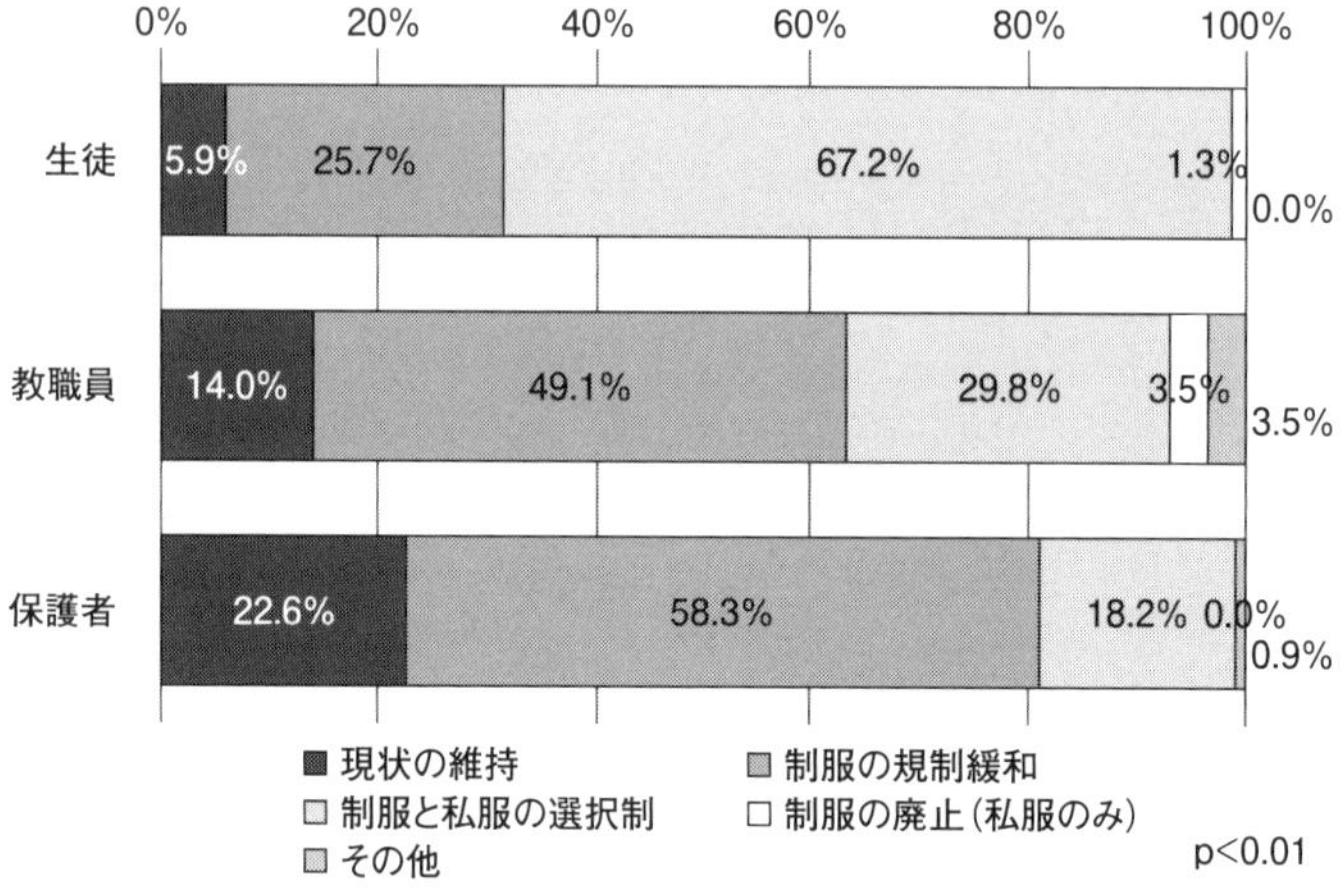

図２　制服のあり方に関する意見

２０２０年度にアンケート調査を実施した（図２、全校生徒数１０８０名のうち６１２名が回答し、回収率は56・7％）。たんに制服の見直しを議論するだけでなく、しっかりと調査をおこない、エビデンス（科学的根拠）にもとづいて検討している点で、先進的な取組である。

　調査結果をみると、「制服について考える週間」における生徒の実際の服装は、「制服」が24・8％、「制服と私服」が40・3％、「部活の服」が19・4％、「私服」が14・6％、「その他」が1・0％であった。多様な服装が、教室を飾ったようだ。

　生徒会は、生徒のみならず、教職員や保護者にも調査をおこなっている。生徒・教職員・保護者とそれぞれの立場の意見を把握しようとする点で、じつによく練られた本格的な調査である。

興味深いのは、今後の制服のあり方に関する回答の傾向が、生徒と教職員・保護者との間で大きくわかれた点である。用意された選択肢は、①現状の服装規定を維持、②制服は維持するが、規制を緩和する、③服装を自由化する（制服・私服の選択可）、④私服化する、⑤その他、の5つである。基本的に①と②が制服着用を前提とする回答で、③と④が服装の自由を認める回答である。

結果は、①と②の制服着用を前提とする回答は、生徒が31・6％、教職員が63・1％、保護者が80・9％であった。制服着用をめぐっては、生徒とは対照的に教職員や保護者が消極的であることが分かる。

生徒が声をあげても、まずもって学校内で教職員の壁がある。そして仮に学校内で生徒の声が尊重されたとしても、さらに学校の外に保護者の壁がある。保護者の8割が制服に肯定的であることからすると、制服自由化の壁は厚くて高い。なるほど、ジェンダーレス化など制服のマイナーチェンジの世論は高まってきたけれども、制服そのものの自由化に関する世論が高まらないのも、うなずける。

9 だれが学校をつくっているのか

フランスの哲学者ジャン＝ジャック・ルソー（Jean-Jacques Rousseau）が著した『エミール』という書がある。小説の形式をとった教育論で、孤児のエミールの誕生から結婚までの過程が描かれている。1976年に刊行された、教育学のなかでは言わずとしれた不朽の名著である。

同書では、子供が自発的に行動していくことの重要性が説かれている。すなわち、教師が子供にすべてを指示し上から管理・統制を強いる「積極教育」ではなく、子供の本性を尊重する「消極教育」こそが、教育の根本に据えられている。

ただし小説を追っていくと分かるように、同書ではエミールの成長が物語られていると同時に、それを引き出すためにエミールの家庭教師がいかに腐心しているかが記されている。権威主義的に指示する方法はとらないとしても、教育者はけっしてエミールを放置すればよいわけではない。

岩波書店から刊行されている『エミール』の翻訳書（上巻／中巻／下巻）において、上巻の表紙のたった170字の紹介文のなかに記してあるとおり、「理想的な家庭教師がエミールという平凡な人間を、誕生から結婚まで、自然という偉大な師に従っていかに導いてゆくか」（傍点は筆者）という教師側の目線を忘れてはならない。さらに言えばそのためにはまずもって、教育者は「その人自身が人間として完成していなければならない」。

名著『エミール』を引き合いに出すまでもなく、そもそも学校教育は、一つの制度であり、そのもとでハード面からソフト面までさまざまな教育条件が整備されている。教師もまた制度的にその専門性を保障されている。その教師が、子供を導いていく。学校教育の一環である限り、主役は子供だとしても、プロデューサーは教師であることを忘れてはならない。

校則見直しがどれほど「生徒会主体」のように見えても、教師がそれをサポートしなければその活動は成り立ち得ず、一方で教師がその動きを潰そうと思えば、容易にそれができてしまう。学校教育の日常は、よくも悪くも設計として、教師ら大人の手のひらの上でくり広げられているのであり、校則見直しがどのように展開しうるかは結局のところ、教師の態度にゆだねられている。

10　日本若者協議会「校則見直しガイドライン」の大原則

校則の見直しが全国各地の学校・地域で始まっているけれども、生徒からの提案を受けて教師がはじめて校則のことを考え出すという展開は、理想を言えば、順序が逆である。あるいは仮に、教師が校則見直しの必要性を直感した気付きは、生徒からの言葉であったとしても、その後は教師の側が校則の現状を評価し、生徒を導いていかなければならない。

その際の重要な参照枠として私が考えているのが、一般社団法人日本若者協議会が2021年10月に策定した「校則見直しガイドライン」である。日本若者協議会は、若者の声を政治に反映させる活動に取り組む団体で、同年6月に「校則見直しガイドライン作成検討会議」を設置し、9月までに計5回にわたってオンライン上でガイドライン策定の検討会議を開催し、ガイドライン策定を実現させた。私自身も、その委員の一人として関わった。[vi]

策定された「校則見直しガイドライン」には、「校則見直しの視点」として、

(1)　校則の内容は、憲法、法律、子どもの権利条約の範囲を逸脱しない

(2)　校則の見直し・制定は、学校長、教職員、児童生徒、保護者等で構成される校則検

討委員会や学校運営協議会等で決定する

(3) すべての児童・生徒に「合理的配慮」を行い、少数の声に配慮する

(4) 校則はホームページに公開する

(5) 生徒手帳等に、憲法と子どもの権利条約を明記する

の計5項目が掲げられている。なかでも私がとりわけ重要だと考える(1)には、「基本的人権を尊重し、教職員が児童生徒への人権侵害を起こさないためには、公立／私立学校問わず、校則といえども憲法、法律の範囲を逸脱しないことが前提」と解説が付記されている。

校則とは、前提として憲法が国民に保障する自由や権利を奪うものであってはならない。それゆえガイドラインでは、(1)の解説の最後に「※この原則のもと、全ての学校で学校長や教職員がまず憲法、法律、子どもの権利条約に逸脱する項目がないかを検証する作業を行い、憲法や法律の範囲を逸脱している校則は学校にすぐさま撤廃してもらいたいと考えています」との但し書きがある。校則見直しの大原則として、校長や教職員には、憲法の理念を実現する主体として教育活動に従事することが求められている。

先に述べたとおり、学校教育は制度である以上、日々の活動内容は教師がその方向性を決定づける。主役として子供がどれほど輝いていようとも、舞台裏では教師がそのために腐心している。その腐心の土台には、憲法や法律、子どもの権利条約が謳う個人の自由を尊重する態度が据えられていなければならない。これではじめて、生徒会主体の校則見直しの前提が整う。

以上、羽曳野市の「先生の制服」騒動を手がかりに、「生徒の制服」を含む校則見直しのあり方を展望した。「先生の制服」が私たちに与えてくれる教訓とは、生徒が変わる前に、先生が変わらなければならないということだ。そうすることで生徒の違和感が、「改革」へとつなげられていく。それは同時に、日々服装や頭髪をチェックする負荷からの脱却、子供を咎めつづける管理的で支配的な教師—子供関係からの脱却をも意味している。

i 小林哲夫、2020、『学校制服とは何か　その歴史と思想』朝日新聞出版。
ii 馬場まみ、1990、「戦後日本における学校制服の普及過程とその役割」『日本家政学会誌』60（8）：715-722.
iii 川上幸子、1989、「校則による管理強化が人間関係阻害：日教組・国民教育研究所の『校則についての調査』結果」『内外教育』第4025号。
iv 「一般社団法人いじめ構造変革プラットフォーム」（代表理事：谷山大三郎・竹之下倫志）の寄附金を活用して、2021年8月13日〜17日に、株式会社マクロミルのウェブモニターを対象に実施した。
v Jean-Jacques Rousseau, Emile ou de l'éducation, Garnier-Flammarion, Paris, 2009.（＝今野一雄訳『エミール』（下）、岩波書店。）引用箇所は、翻訳書の175-176頁。
vi 委員は、上山遥香氏（奈良女子大学附属中等教育学校5年）、後藤富和氏（弁護士）、西郷孝彦氏（前世田谷区立桜丘中学校校長）、斉藤ひでみ氏（公立高校教員）、末冨芳氏（日本大学教授）、藤田星流氏（東京大学教育学部附属中等教育学校6年）、山本晃史氏（認定NPO法人カタリバ「ルールメイカー育成プロジェクト」担当）

いま、学校が変わるとき

朝日新聞編集委員　氏岡真弓

教育行政主導の校則の見直しが広がっている。文部科学省や都道府県、政令指定都市などの教育委員会による「トップダウン」の動きだ。

文科省は2021年6月、「校則の見直し等に関する取組事例について」という通知を出し、「一部の事案において、必要かつ合理的な範囲を逸脱しているのではないか」「教員がいたずらに規則にとらわれて、規則を守らせることのみの指導になっていないか」「校則は絶えず積極的に見直さなければならない」と検討を促し、実際の事例を示した。

なぜ、行政が動いたのか。そこには世論の変化がある。下着の色の指定、生まれつきの頭髪の色の申告制など人権やプライバシーにかかわる校則を「ブラック校則」として批判する声が高まったからだ。NHKの調査では同年8月までに都道府県の4割が公立高校の校則の見直しを進めている。見直しのきっかけとして「世論の高まり」を挙げたのが18と最も多かった。

厳しい校則ができたのは1980年代、校内暴力が吹き荒れた頃、生徒を管理で抑えつけようとしたことがきっかけだ。以来、「校則を緩めると生徒指導が大変になる」という学校側の考えで、「下着の色は白」「マフラーの使用禁止」など、明文化されないものも含めて、内容がどんどん細かくなってきた。その意味で、今回の動きは、これまで「校門の外」に置かれていた児童生徒の権利がやっと「校門の中」に入り始めた動きともいえる。

その大きな契機となったのは2017年、茶色い髪の毛を黒く染めるよう教師に厳しく求められて不登校になったとして、大阪府立高校の元生徒が起こした裁判だ。それを受けてNPOなどが集まり、『ブラック校則をなくそう!』プロジェクト」として人々の校則体験を調査して6万人の署名を提出。弁護士会などで校則の実態を調査する動きも起きる。

教育行政の動きとしては岐阜県教委が19年、全県立高校に対し、下着の色を制限する校則について「ルールを守っているか確認する行為自体が新たな人権問題になりかねない」として、再点検を指示。さらに21年5月、見直しには生徒が考える機会を設けることや、改定の手続きを明文化することを通知した。

神戸市教委は21年6月、各校が校則を見直す指針を公表した。「小学生らしい、中学生らしい」といった抽象的な概念ではなく、現在の社会通念に照らして合理的な理由が説明できる内容であることを挙げた。校則の見直しのあり方も示し、①校則について児童生徒が話し合う活動を毎年度必ず行う②保護者や地域の意見が見直しに反映されるよう、学校評価の項目に必ず設定する③校則を検討する校内組織を設置し、校則の見直しが毎年度行われる体制をつくる④見直した内容を速やかに保護者に通知し、ホームページに掲載し周知する——の4段階を示した。

いずれも、校則を常に見直す仕組みを設けるよう促したのがポイントだ。今回の問題の核心は、これまで校則を決めるプロセスの外に置かれていた子どもたちの位置を見直し、校長が決めるとされた校則の決定過程に児童生徒がどう関わるかにある。それは「学校はだれのものか」を問い直すことにもつながる。

ただ、こうした教委の動きがどこまで学校に浸透しているかは明らかではない。例えば三重県では県立高校でツーブロックを禁止する校則を削除したが、6校で禁止する指導が続き、「地毛証明書」も校則から削除したにもかかわらず、12校がアンケートなどの形で提出を求め続けていたことが県教委の調査で判明している。

下着の色の校則を見直したはずの他県の県立高校を取材しても、「校則に意見を言うと内申書に響く」「生徒総会は校則を話し合うところじゃないと先生に言われた」「校則から決まりが消えてもチェックはあり、何も変わらない」という声が、生徒からなお聞こえてくる。子どもの目から見て不適切な校則がそのままになることは「自分の意見では学校は変わらない」というあきらめを植えつけ、18歳選挙権にもかかわらず主権者としての意識どころか「自分が投票したところで社会は変わらない」という考えにも結びつきかねない。

こうした高校では、公民や国語などの授業では、人権や多様性の価値が語られ、学習指導要領にそって生徒の主体性を養おうとしている。教科で教える価値と、実際の生徒指導でのふるまいが齟齬をきたしていることになる。その矛盾を生徒、何より教師自身が気づかないはずはないだろう。

学校や教師の姿勢がいま、問われている。

子どもの権利　大人が声あげよう

弁護士・福岡市立警固中学校PTA元会長　後藤富和

1　大人が公然と嘘をつく環境

ＰＴＡ会長となり学校に行った私は、ヒステリックに生徒を罵倒する教師の声に驚いた。人に対して発して良い言葉ではない。

学校は、公然と本音と建前を使い分ける。学生服は標準服にすぎず、それを着るかどうかは生徒が決めて良いはず。でも、決められた学生服以外の着用は認められない。ＰＴＡは任意加入団体なのに自動的に会員にされ会費を払わされやりたくもない委員をやらされる。大人が公然と嘘をつく環境は子どもたちにとって良いわけがない。

学校やＰＴＡで行う人権学習。何かおかしい。障がい者や差別されてきた方が頑張る姿は素晴らしい。ヤンキーが更生して社会貢献するのも素晴らしい。でも、障がい者だからって頑張らなきゃいけないのか、ヤンキーじゃないけど真面目にコツコツ生きるのも立派なことじゃないのか。そもそも、人権の根本は、自由であること、邪魔をされないってこと。それなのに、学校では、我慢すること、全体のために犠牲になることばかり強調される。

生徒も教師も保護者ももっと自由で、幸せになってよいはずなのに。

2 制服を強いられ地獄だった

２０１７年の入学式、私は、新入生に「着慣れない服を着て窮屈に感じている方もいるかもしれませんね。どうしても自分には似合わないと感じる方もいるかもしれません。どうすれば良いのかを周りの大人と一緒に考えましょう」と語りかけた。

6月、ＬＧＢＴの交流会で、セーラー服を着せられた中学時代を「地獄だった」と訴える高校生に出会った。学生服の問題は、大人が今取り組まなきゃいけない緊急の課題であることを痛感した。学生服をジェンダーレスにすることを目標に、保護者、ＬＧＢＴアライ、教師、市議会議員、弁護士で「福岡市の制服を考える会」を結成した。

数日後、ドキドキしながら校長に相談した。校長は「じゃあ、変えればいいんじゃない」と即答した。ＰＴＡ会長と校長の二人三脚が始まった。

当初、学生服と私服を生徒が自由に選ぶことを考えたが、その壁は厚く、今苦しんでいる生徒に間に合わない。次善の策として、性別に関わらずスカートとスラックスを選べるジェンダーレス標準服の導入を目指すことにした。九州の公立中学では前例のない取り組みだった。

3 人が集まるPTA

PTA主催で連続講座「制服のユニバーサルデザインを目指して」を開催し、保護者、地域住民、市議会議員らが共に学んだ。講座の模様をPTA広報誌にし、議論の過程をインターネットで配信した。従来の枠を超えた活動にPTA会員がイキイキと楽しみながら取り組んだ。子どもの幸せのために学校を変える。これこそPTAの役割である。学校の下請けに成り下がったPTA活動が面白いはずがない。面白くないから強制加入にしなければ人が集まらない。子どもの幸せのために主体的に活動し、声を上げ、学校を変えていくPTAなら任意加入にしても人が集まる。

自分を表現する場を生徒に提供しようとPTA主催でダンスや音楽のステージを企画した。不登校で教室に入れない生徒からも応募があり、生徒は自分たちでステージ衣装を考えた。それなのに教師は生徒に制服・体操服の着用を命じた。セーラー服を着て激しいダンスを踊ればスカートが翻る。それを分かっていながら制服着用にこだわる教師の頭の固さに呆れた。自由で良いこと、男でもスカートを履いて良いことを示すため、私は自分のバンドを率いてスカートを履いてステージに上がった。翌年、出演する生徒の衣装は自由になった。

4 生徒と一緒に考えた新標準服

２０１８年３月、生徒も交えた標準服検討委員会を立ち上げ、ジェンダーレス標準服導入が決定した。

世界に一つだけの素敵な学生服を生徒と一緒に作り上げた。エンブレムやボタンは生徒がデザインした。価格の安さ、洗濯のしやすさなど保護者の意見も取り入れた。

他方で、女子がスラックスを履くとイジメられる、この校区にトランスジェンダーはいないといった偏見が寄せられた。その度に、校長と私は説明を続けた。

それでも女子がスラックスを履くことへの大人たちの嫌悪感は根強く導入初年度にどの程度の新入生が新標準服を選ぶかは未知数であった。

２０１９年２月の入学説明会で、小学６年生と保護者に新標準服を披露した。子どもたちから歓声が上がった。校長は「あなたたちが活動しやすいと思う服を、あなたたち自身で選んでください」と呼びかけた。自分で選べるということに子どもたちから再び歓声が起こった。その直後、生徒指導教師が「男子は選べんからな」

と一喝した。予定外の発言だった。たしかに男子生徒がスカートを選ぶことは周囲の理解や協力がないと難しい。しかし、教師の側で門戸を閉ざすことは絶対にやってはいけない。私は怒りに震えた。

4月の入学式。新入生全員が新標準服を選んでいた。その中にスラックスで颯爽と歩く女子生徒が多数見られた。大人たちの偏見や心配をよそに子どもたちは自分が着たい服を選んだのである。

今では、福岡市と北九州市のすべての公立中学校がジェンダーレス標準服を導入し、その動きは九州各地に広がっている。

5 理不尽な校則とのたたかい

服装における性差はなくなったものの髪型などの男女分けは続いている。

そのような中、下着の色検査が行われているとの情報が寄せられた。

早速、福岡県弁護士会に校則プロジェクトチームを立ち上げ調査に取りかかった。

その結果、靴下の色や長さの指定、ツーブロックやポーニーテールの禁止、眉毛を整えることの禁止といった合理的理由が説明できない理不尽な校則や、下着の色指定や校則違反の生徒の別室登校などの人権侵害が福岡市の中学校で横行していることが明らかになった。校則について意見をすると教師から「内申書に響くぞ」と脅されるため生徒が声を上げることができない実態も浮かび上がった。

２０２１年１月、福岡市の制服を考える会は、福岡市教育長に要望書を提出した。２月、福岡県弁護士会は、校則の見直しを求める意見書を発表するとともに、西郷孝彦世田谷区立桜丘中学元校長や高校生をパネリストにシンポジウムを開催した。３月には、内田良名古屋大准教授と糸島市立前原西中学校の森恵美・主幹教諭をパネリストにシンポジウムを行った。

市民や弁護士会の問題提起に、福岡市教育委員会は、弁護士やLGBT支援団体代表を委員とする校則見直検討協議会を立ち上げ、７月、福岡市立中学校校長会ガイドライン「よりよい校則を目指して」を発表した。ここでは校則が生徒を管理するためのものではないことが確認され、校則見直しに際し、生徒の人権を尊重することや、生徒や保護者が納得できるものであることが要求された。生徒を交えた校則検討委員会の設置やホームページでの公開も求められた。

6　学校を当たり前の社会に

校長会ガイドラインで求められていることは、基本的人権の尊重、差別の禁止、民主主義、情報公開といった憲法が保障する当たり前の理念である。この当たり前が通用しなかったのが学校である。

今、福岡市内の中学校では校則の見直しが行われている。意見を出しやすい雰囲気の中で生徒の意見を聴いて校則見直しを行う学校もあれば、形だけの見直しで済まそうとする学校もある。

教師によって自主的に学校が変わることは期待できない。子どもたちにとってより良い学校にするために、保護者、そして、ＮＰＯや弁護士など子どもに関わる専門家たちが声を上げ学校に当たり前を取り戻すことが必要である。

自分たちの学校は、自分たちでつくる

熊本大学教育学部准教授　苫野一徳

自分たちの社会は、自分たちでつくる

「自分たちの社会は、自分たちでつくる」。言うまでもなく、これが民主主義社会、市民社会の大原則です。

当たり前のことと思われるかもしれません。でも、このような社会を手に入れるまでに、人類は実に数万年もの歳月を要したのだということを、改めて思い起こしたいと思います。とりわけ、定住・農耕・蓄財を始めてからの一万年間、人類は、世界のどこでも、「万人の万人に対する戦争状態」（ホッブズ）か、さもなくば、一部の者たちによる支配社会の中を生きてきたのです。

それが、わずかこの一世紀、せいぜい二世紀の間に、人類社会は劇的な変化を遂げました。どんな人種、宗教、生まれだろうが、わたしたちはみんな同じ人間である。そしてこの社会は、一部の支配層ではなく、われわれ市民の手によってつくられるべきものである。

このような民主主義の考えは、地理的、歴史的、宗教的なさまざまな条件のもと

に、近代ヨーロッパで生まれたものでした。そしてそれから二〜三世紀の時間をかけて、少しずつ世界中に広がっていったのです。

人類史的に見れば、これは「精神の大革命」が起こったとさえ言っていい事態です。人種や宗教が違えば同じ人間とさえ思わなかった人類は、いまや、だれもが同じ対等な市民であり、そしてこの社会を共につくり合う仲間だと考えるようになったのです。

拡大する格差や排外主義の蔓延、さらには深刻化する文明の衝突などのために、いま、世界的な民主主義の危機が叫ばれています。しかし、もしもわたしたちが、「万人の万人に対する戦争」や、あるいは苛烈な支配―被支配社会に舞い戻ることを望まないなら、この市民社会をさらに成熟させていくほかに道はない。わたしはそう考えています。

自分たちの学校は、自分たちでつくる

市民社会の成熟のための最も重要な制度的土台が、学校教育です。自分たちの社会は、自分たちでつくる。学校は、そんな市民社会における「市民」を育てる所です。

とすれば、学校もまた、生徒が「自分たちの学校は自分たちでつくる」ことを大原則としたコミュニティでなければなりません。来るべき仲間の市民を育むために、

学校は、自分たちのコミュニティを自分たちでつくる経験を、生徒たちにたっぷり保障する必要があるのです。

ですから当然、校則の改廃等を含む学校づくりへの生徒の参画は、学校運営における大前提です。教育基本法第一条には、教育は「平和で民主的な国家及び社会の形成者」を育成するものと書かれています。児童の権利に関する条約第一二条には、児童は、自分たちに「影響を及ぼすすべての事項について自由に自己の意見を表明する権利」を有するとあります。市民社会および公教育の本質から言って、これはごく当たり前の原理原則なのです。

汚物のように扱えば、人は汚物になる

時折、生徒に自由を与えると学校が荒れる、などと言われます。しかしこれは、原理的に言っても、現状認識的に言っても、間違っています。

まず原理的に言って、生徒には先述した「自由に自己の意見を表明する権利」があります。荒れる荒れない云々の前に、これは学校が尊重しなければならない大原則なのです。

他方、現状認識的に言っても、生徒を自由にすると学校が荒れる、という主張については、数々の反例が示されています。西郷孝彦さんが校長を務められた、世田谷区立桜丘中学校はその有名な例でしょう。

オランダの歴史学者ルトガー・ブレグマンは、学校にせよ地域社会にせよ、さらには刑務所にせよ（！）、人間の善性を信頼し、人びとを尊重し、自由を保障することが、そのコミュニティをいっそう民主的に成熟した社会にすることを、さまざまな研究をもとに論証しています。反対に、人間の悪性を強調し、人びとを犯罪者予備軍のように扱うと、そのコミュニティは本当に犯罪や問題が増える傾向があるということも。

ブレグマンは、世界で最も再犯率が低いことで有名な、ノルウェーの刑務所の所長の次の言葉を紹介しています。「汚物のように扱えば、人は汚物になる。人間として扱えば、人間らしく振る舞うのです」（『Humankind――希望の歴史（下）』）。

「あれをしなさい、これをしなさい」「あれをするな、これをするな」。多くの学校にはそのような言葉があふれていますが、ジャン＝ジャック・ルソーが主張するように、そのように言われて育った子どもたちは、「息をしなさいと言わないと呼吸さえしなくなる」でしょう（『エミール』）。思考や言論やコミュニティづくりの自由、その経験を与えない教育は、子どもたちから自律する力を奪い取ってしまうのです。

それればかりではありません。「あれしなさい、これしなさい」「あれするな、これするな」とばかり言われて育った子どもたちは、他者に対しても寛容になることができなくなってしまいます。多くの禁止に縛られた子どもたちは、他者のちょっとした自由さえ、認めることができなくなるのです。

お互いを対等な人間として尊重し、認め合うこと。そんな民主主義の精神を育むためには、まず子どもたち自身を尊重し、自由を保障することが第一です。ブレグマンは言います。「問うべきは、子どもは自由をうまく扱うことができるか、ではない。わたしたちは子どもに自由を与える勇気を持っているか、である」と。

自分たちの職場は自分たちでつくる

学校現場においては、生徒と同様、先生もまた、信頼され尊重されなければなりません。教育委員会や管理職、保護者、そして〝世間〟は、そのことをもっと自覚する必要があるでしょう。相互信頼と相互承認のスパイラルを、わたしたちはもっと真剣につくり出していかなければなりません。

校則に関しても、生徒が校則づくりやその改廃や学校づくりに関わるからと言って、教師は、生徒と敵対的な関係になるわけではまったくありません。先生もまた、生徒とともに、「自分たちのコミュニティ（職場）は自分たちでつくる」仲間です。

そこで何より大事なのは、「対話の文化」や仕組みを学校内にインストールすることです。自分たちの学校を、どんなコミュニティにしたいのか。そのことを、いつでも気軽に雑談したり、改めて対話したりできるような、そんな「対話の文化」。先生同士、生徒同士、そして教師と生徒がともに膝を突き合わせて語り合える、そんな「対話の文化」をインストールすることが。

そのような文化や仕組みづくりにおいて、管理職の責任は重大です。もちろん、その責任を果たせない、果たそうとしない管理職も、残念ながらいるでしょう。でも、文句を言ってばかりいても仕方ありません。人をあてにしてばかりでもいけません。

自分たちのコミュニティは、自分たちでつくる。

その当事者は、他ならぬわたしたち自身なのです。

嚆矢は放たれた――放送部員との「靴下を折る」校則改革

兵庫県加古川市立陵南中学校教諭　宮本崇志

嚆矢濫觴――。まさにそういう思いでこの原稿を書いています。学校の校則が大きく議論されるようになったことは一教育者として歓迎すべきことであり、同時に「ここからが本当のスタートだ」という思いです。そう思うに至るまで様々な積み重ねがありました。私の勤める学校でも、校則が生徒や教師、保護者の意見を取り入れながら少しずつではありますが変わってきています。

本稿では主に筆者の勤務する中学校での実践を記します。私は放送部の顧問をしています。部員らは本年ドキュメンタリー映像『靴下を折りなさい』を作成いたしました。個人情報保護の関わる部分を割愛したサマリー版を東洋館出版社のチャンネルにアップさせていただきました。よろしければ以下のQRコードからご視聴ください。動画は第38回ＮＨＫ杯全国中学校放送コンテストで優良賞を受賞しました。

本校では「女子は靴下を三つ折りにしなさい」という校則があります。こちらは改正されていませんが、こうした動画制作などの動きの

※QRコードは㈱デンソーウェーブの登録商標です

中で、全校的な議論が起きています。私も子供たちの行動に奮起し、管理職等に訴えるようになりました。

本稿が、「問題のある校則を変えていきたいが、急激な変化はハレーションを生んでしまうのが難点だ」とお考えの先生方、生徒や保護者のみなさんに少しでも参考になれば幸いです。

「怖い」と言えない子どもたち

私は子どもの頃「中学校は怖いところだ」というイメージをもっていました。小学校と違って詰襟の制服、噂に聞く怖い先生、厳しい部活、先輩との上下関係——。これらの（漠然とした）イメージから、中学校の入学式を強張った表情で迎えたことを今もよく覚えています。私が中学校を卒業してからもう20年が経ちます。20年もの歳月を経てなお「中学校は怖いところだ」というイメージが払拭しきれていない声が聞こえます。

中学校がなぜ怖いのかと入学当初の生徒に話を聞いてみると、「先生が怖いと聞いた」「勉強についていけなくなるかも」「服装や髪型のことで怒られる」などいくつかの理由がありました。また、「先生が怖い」と「服装や髪型のことで怒られる」は同根であることも分かってきました。小学校六年生までは自由な服装や髪型が許されていた子どもたちにとって、「服装や髪型のことで怒られる」というのは「怖い」

ことに他なりません。子どもたちと話してみると服装や髪型、そして外出規制などの「校則」に対する不満は決して少なくありませんでした。しかし、子どもたちはどこか言いにくそうに言葉を選びながら不満を述べるのです。

不便を感じる、不満に思う、けれども「中学生らしい格好」でいなければならない。こうした抑圧や同調圧力を感じさせるのが教育の姿なのでしょうか。中には「校則を守らなきゃいけないのは分かってるんですけど」「先生に言っても仕方ないことなんだけど」と前置きして話す子どももいます。「先生」に対して学校批判と受け取られるような言い方をしてはならないと思っていたのでしょう。思い返してみれば自分にもそういうところがありました。子どもたちにとって先生は規制と抑圧の象徴であり壁であったのかもしれません。

その意味では、私も壁であり、もっといえば加害者だったのです。

私が「校則」の改善について本格的に取り組み始めたのは2017年です。私の勤務する兵庫県加古川市は、各中学校において人権学習に積極的に取り組むなど優れた実践を数多く行っている自治体です。しかし、学校や自治体は人権学習に積極的であるにも関わらず、人権侵害に等しい校則が運用されている実態がありました。

その代表的なものとして私の勤務校にある①「下着の色は白」、②「女子は靴下を三つ折りにする」の二つを挙げます。

①についてでは2021年9月現在では「人権侵害である」「下着の色を教員がチェックするなど有り得ない」と厳しく指摘されていますが、2017年当時はまだそこまで議論が（存在が）知られていませんでした。2019年あたりから大きく報じられたこともあり、この規定を見直す学校が増えてきました。本校もそうした指導はしない方針になりました。

②については、生徒も保護者も、運用する側の教員の一部も首をかしげる校則でした。同時に、一般的な人権感覚をもつ人が見ればすぐに問題があることが分かる校則です。問題点は大きくこの三点です。

A「靴下は男子も着用するのに、なぜ女子だけなのか」
B「わざわざ靴下を三つ折りにすることが、どのような教育効果をもつのか」
C「靴下の履き方を学校が指定（事実上の強制）する根拠はどこにあるのか」

Aはジェンダーバイアス、BとCは根拠不明の規定という問題があります。こういった疑問をもつのは当然生徒も同様で、前述の通り、生徒からも保護者からも評判はよくありません。家庭訪問や三者懇談の場で、「なんでこんな校則があるんですかね？」などと尋ねられることもしばしばあったのです。

私はそれに対する明確な答えをもちえず、諸先輩方に尋ねてみたところ「いつ頃からかは知らないがずっとある」「理由は知らないが三つ折りの方がきれいに見えるらしい」などと長年運用されてきた割にその実態は曖昧模糊としており、このような――根拠不明なジェンダーバイアスを子どもに強制する――校則をそのままにしておくといずれ深刻な人権侵害事案が起こりかねないと背筋を凍らせたのを覚えています。

放送部の挑戦――問題意識を共有し、アップデートする

私にとって心強かったのは、部活動で出会った子どもたちがいずれも優れた人権感覚を備えていたことです。現在の勤務校に赴任してから放送部の顧問をしておりますが、部員たちの豊かな発想と確かな人権感覚により、多数の優れた作品を生み出すことができました。

赴任した2017年、「大会に出場するためにラジオ番組やテレビ番組を作ることになるが、どんな番組を作りたいか」と意見を求めたところ、子どもたちからたくさん出てきたテーマのひとつが「校則」でした。

2017年夏、「校則は何のためにあるのか」と問うラジオ作品、「先生たちはなぜいつも私たちを厳しく指導するのか」と先生方に直接疑問をぶつけるテレビ作品を出しました。ともすれば学校批判にもなりかねない、子どもたちにとって（私にとっても）挑戦的なテーマの2作品でした。前者の作品は、理不尽な校則の存在や生徒の不満を訴えることに成功しましたが「校則は生徒の規範意識を高めるために必要なのだ」という学校側の主張に回収される形となり、後者は「厳しく接するこ

ともあるがそれは子どもの成長を願ってのことなのだ」というこれまた学校側の主張でまとめることとなりました。

いずれも「学校側の言い分としては間違ってはいない」と言えるでしょうが、これが子どもたちの問題意識に対する正答になり得たかというと、やや疑問が残るところです。なんとなれば、「不満をこぼす生徒に対して学校側が『正論』で抑えつける」という構図に見えかねない構成だったからです。

作品としての課題はありましたが、「我々大人が思う以上に中学生は問題意識をもっている」ということに大いに勇気づけられました。中学生はそれぞれ程度や方向の差こそあれ問題意識や社会への関心をもっています。それが大人から見て「表に出てこない」と感じることがしばしばあるのは「まだ自分の問題意識を言語化して発信することに慣れていない」からでありましょう。逆に言えば、学習と経験によって中学生も自らの問題意識を言葉にして世に問うことができるようになっていくのです。

放送部では引き続きこの課題に向かい、次の作品の準備に取りかかりました。作品の制作にあたってどんな企画がいいのか話し合ってみたり、ブレストをやってみたり、あるいは様々な作品を視聴したり読んだり――その感覚はさらにアップデートを重ねながら後輩たちに受け継がれました。そして２０２１年９月現在、放送部の子どもたちは障がいや難病、性的マイノリティなど様々な社会課題を話し合い、発信に取り組んでいます。

　そんな子どもたちを指導する立場の私も、積極的に職員会議等で発信していくことを心がけました。「涓滴岩を穿つ」と言いますが、まさにそのつもりで雫を垂らしてきたつもりです。筆者の言葉など小さな雫に過ぎませんが、「そう考える人がいる」と存在を知ってもらうことができれば、緩やかに波紋は広がっていくものです。


生徒会はどっちを向いている？――生徒が生徒の意見を否定する仕組み

　様々な校則の問題が社会に浸透しはじめた2019年、放送部は再び「校則」をテーマにした作品を制作しました。2017年の反省をもとに、生徒の不満や疑問の側に立つ有識者の存在が必要であると考え、名古屋大学大学院・内田良先生に出演をお願いすることとなりました。内田先生と実際に会った子どもたちは眼を輝かせ、それぞれの思いや考えを語りました。のちに内田先生も「あれは私にとっても大きな学びとなる時間でした」と振り返っていらっしゃった時間になりました。

　このとき話に出たのが「生徒が校則などに改善の訴えをしても、先生ではなく生徒会につぶされかねない」という話題でした。生徒会への意見書や生徒総会など、生徒による民主的な意思決定システムが運用されている学校が多いことと思いますが、そのシステムにより「生徒の訴えが生徒によって否定されるということ」があるのです。

たとえば、このようなケースです。
意見P「冬場はスカートだと脚が寒いので、黒のタイツを許可してもらいたい」
回答P「黒いタイツは〝中学生らしく〟ないので認められません。本校の服装規定ではストッキング（ただしｎデニール以下）の着用が認められていますのでそちらを着用してください」
意見Q「前髪が眉より上というのは厳しいので、前髪の規定を緩めてほしい」
回答Q「前髪が目にかかると勉強や運動の邪魔になります。規則をひとつ緩めるとどんどん緩んでいくおそれがありますので認められません。〝中学生らしい服装〟を守って規範意識を育みましょう」
回答PQの問題点については本書をお読みになっている諸賢にとってはすぐにご理解頂けたことと存じますが、このような光景は残念なことに決して珍しくないのです。

とはいえ、本校は何も変わらなかったわけではありません。

生徒の声はたとえ総会の場で却下されたとしても教員には届いています。また、校則をめぐる議論の広がりが報道されるにつれ、教員の意識も変わってきていると感じます。

前述の意見Pについて、職員会議では「そもそもストッキングは防寒目的のものではない」「市内にはすでにタイツを許可している学校が増えてきている」などの意見が出され、冬場のタイツ着用を認めるなど、少しずつではありますが理不尽な規定は減り、柔軟性のある対応をするように変わりつつあります。

放送部みたび挑戦、そして――

そして2021年、みたび「校則」をテーマにドキュメンタリーを制作しました。内容を②「女子は靴下を三つ折りにする」という服装規定に焦点を合わせました。今回は情報開示請求を使って校則の根拠を探り、またその結果をもとに名古屋大学大学院・内田良先生、学校の諸問題に取り組んでこられた吉良よし子参議院議員にご協力を頂いております。

オンラインでお話をさせて頂いたのですが、子どもたちは生き生きと自分の問題意識や疑問などを両氏に訴えました。緊急事態宣言などで活動時間が大幅に減った中での制作でしたが、子どもたちの問題意識をしっかり世に問う作品になったと思っています。

社会の関心がおそらく過去最大級に高まっていることもあったでしょう。この作品には大きな反響がありました。そして全国の中学校放送部の大会の頂点ともいえるNHK杯全国放送コンテスト、そして中学校から放送局まで全国のドキュメンタリーが集まる「地方の時代」映像祭にて入賞を果たすことができたのです。

校則の改善を発信しているのは何も本校に限った話ではなく、特に２０２１年は岐阜県をはじめ制服の選択制を取り入れる学校や自治体のニュースを数多く聞きました。子どもたちの声は、届き始めているのです。今回の放送部の作品はそうしたたくさんの小さな声を代表したに過ぎません。「吾言即是万民声」と書くとやや大げさに感じるきらいがありますが、私はそう思います。もっとも、それをなし得たのは偶然ではなく、本校放送部員の努力と技能、そして感性によるものであることは論を待ちません。

ともすればこれまでは「我儘」と言われてきたような訴え、すなわち当事者である子どもによる発信が社会に届き、議論の俎上に載るようになりました。ジェンダーバイアス、根拠のない規定、健康や安全を担保しない指導、「男らしさ」「女らしさ」そして「生徒らしさ」を押し付けてきた社会の風潮、そうした諸々に対して、自由と人権を希求する教師や生徒が動き出している——。

２０１７年から取り組み続けてきた身として、思うのです。鏑矢は放たれた、と。

【編者紹介】

河﨑仁志

兵庫県明石市立朝霧中学校教諭
令和２年度より生徒指導部長として勤務校の校則改革を行い、朝日新聞、神戸新聞など各種メディアに取り上げられた。現在は職務の傍ら、校則についての情報発信やアドバイスを行っている。
Twitter のアカウント@ kawasaki80000

斉藤ひでみ

岐阜県高等学校教諭
2016 年８月より「斉藤ひでみ」名で教育現場の問題を訴え続け、国会や文部科学省への署名提出、国会での参考人陳述等を行う。共著に『教師のブラック残業』（学陽書房)。『迷走する教員の働き方改革』『# 教師のバトンとはなんだったのか』（岩波ブックレット)。ドキュメンタリー「聖職のゆくえ」（福井テレビ）出演。本名は西村祐二。

内田良

名古屋大学大学院教育発達科学研究科准教授
スポーツ事故、組体操事故、「体罰」、教員の部活動負担や長時間労働などの「学校リスク」について広く情報を発信している。著書に『ブラック校則』、『ブラック部活動』（いずれも東洋館出版社)、『部活動の社会学――学校の文化・教師の働き方』（岩波書店)、『教育という病 子どもと先生を苦しめる「教育リスク」』（光文社新書）など多数。

【執筆者紹介】

森恵美

福岡県糸島市立前原西中学校主幹教諭
福岡県出身。平成８年度より福岡県の中学校教諭（教科は理科）平成 29 年度より生徒指導主幹として学校全体の生徒指導に携わる。現在、生徒指導主任、学年主任、かつ学級担任として奮闘中。全国生活指導研究協議会研究全国委員。

校則改革

理不尽な生徒指導に苦しむ教師たちの挑戦

2021（令和3）年12月21日　初版第1刷発行

編著者　河崎仁志　斉藤ひでみ　内田良
発行者　錦織 圭之介
発行所　株式会社 東洋館出版社
〒113-0021　東京都文京区本駒込5丁目16番7号
営業部　電話 03-3823-9206 ／ FAX 03-3823-9208
編集部　電話 03-3823-9207 ／ FAX 03-3823-9209
振　替　00180-7-96823
URL　https://www.toyokan.co.jp/

カバーデザイン　水戸部功 ＋ 北村陽香
イラスト　いまいかよ
本文デザイン　宮澤新一（藤原印刷株式会社）
印刷・製本　藤原印刷株式会社

ISBN 978-4-491-04746-1
Printed in Japan